Digital Transformation

DX 図解 時代の PLM/BOM

デジタル化
段階別課題解決
のアイデア
100

プロセス改善入門

三河 進 グローバルものづくり研究所

日本能率協会マネジメントセンター

はじめに

■■ 執筆の背景

リサーチ会社によるとPLMの国内市場規模は年間3000億円以上（矢野経済研究所調べ）で成長中であり、毎年多大な投資がされているとされる。一方で、ERPの国内市場規模は年間約2000億円（IDC Japan調べ）であり、金額面ではPLMが1.5倍多い。一般的にERPのプロジェクト規模はPLMと比較して3〜10倍大きいので、PLMの案件数はERPと比べ5倍以上あると推測できる。これは、PLMというテーマはプロジェクトで検討される機会が非常に多いことを意味する。

また近年、設計DX、設計・生産デジタル化のように、DXやデジタルの名前が付くプロジェクトが多い。ただしDXと付いていても、紙情報のデジタル化、ITツールの導入、PLM/BOMによる全社的な業務改革など、十把一絡げで、トランスフォームしているといえないものもある。このことから、DX、デジタルの定義から開始し、DXを指向したPLM/BOMとは何かについて解説する必要があると感じた。

さらに、これまでのPLM/BOMに関する書籍は、経営者や企画部門向けのPLM/BOMに関する経営課題の解決やPLMの価値を高めるための啓発本が多かったと感じる。本書が解決したいことは、初めてPLM/BOM導入に携わる人たちに、体系的に知識を提供することにある。また、経験者にとって、既知の内容であったとしても、再確認することで新しい発見があると幸いだ。

■■ 本書が想定する対象読者と、得られる知識

本書は、システムの構築方法というよりも、PLM/BOMシステムを用いたプロセス改善に主眼をおいている。したがって、企画部門やユーザ部門を

主な読者として想定している。もちろん、PLMシステムを構築するSEにとっても有用だ。

　具体的には、製造業における設計DX、PLM/BOM再構築を企画、検討する人、検討指示を受けたがこの業務の経験がほとんどない人からエキスパートまでを想定している。所属部門としては、経営・技術企画、情報システム、設計、生産管理、購買、製造の管理職から担当者、ものづくり統括役員だ。さらに、PLMなどのITベンダーで、これからPLM/BOM構築やDXプロジェクトを開始する人も対象となり得る。

　知識面では、DXと従来のデジタル化の違い、DX実現のためのPLM主要領域（ドキュメント管理、BOM、3Dモデルと図面管理、部品番号、プロジェクト管理、コンプライアンス対応、開発プロセス・マネジメント、モジュラー設計、IT導入）における100のプロセス改善アイデアを提供する。

■■■ 本書の特長

　デジタル化の段階と知識レベルを各ページ冒頭に明示し、PLM/BOMプロジェクト未経験者からエキスパートまで、担当案件のデジタル化の段階に合わせて、読者が優先的に得るべき知識を示した。

● 知識レベルの段階の定義

- 初級者：BOM/PLM/DXに関連した業務改革・改善、IT導入を担当した経験がない人向けの内容
- 中級者：PLM/BOMプロジェクトの経験がある、用語はわかる人向けの応用的な内容
- 上級者：PLM/BOMについて熟知しており、さらに深い知識を得たい人向けの内容

● デジタル化の段階の定義

- D1：デジタイゼーション（業務改善を伴わない紙情報の電子化）
- D2：デジタライゼーション（電子化した情報を活用した部門レベルの業務改善）
- DX：デジタル・トランスフォーメーション（デジタル技術を活用したビジネスモデル変革）

事例については、他社はどのような課題をどのように解決したのかを知りたいとよくいわれる。しかし、事例を詳細に本に書いたとしても、そのストーリーが壮大で、事例企業独自色が強いと応用が利きにくいという問題がある。本書では、事例そのものではなく、筆者が経験した頻出の基本知識とプロセス改善アイデアを100点選抜し、それを図解付きで説明した。プロセス改善アイデアのパーツを知識提供することで、読者のDXの企画や実践に応用しやすいヒントを得られることをねらっている。

　また、見開き2ページで問題に対する解決策、および実践時の課題（留意事項）までコンパクトに理解することができるようにした。

　なお、本編中にも記載したが、本書では基本概念をより具体的に理解するために、PLMソフトウェアによる実装方法まで言及している箇所がある。筆者の複数のPLMシステムの構築経験から記載し一般化したが、ソフトウェアにより機能の名称や実装方法は異なる場合があるので、ソフトウェアを提供するメーカから情報を得たうえで、読者自身の責任で判断して理解・活用していただくことをお願いする。

　最後に、本書の執筆にあたっては、筆者と共同でさまざまな業務改革プロジェクトを実践・検討してくださったクライアント企業の皆さま、長年にわたって苦楽を共にし、多忙中にもかかわらず原稿チェックを快諾してくれた日本電気株式会社コンサルティング事業部やPLMビジネス関係者の皆さまには厚くお礼申し上げたい。

　また、前作の拙著発刊、本書の企画、執筆、デザイン完成まで一貫した支援をくださった日本能率協会マネジメントセンターの渡辺敏郎氏、スタッフの皆さまがいなければ、本書の発刊はなかった。

　そして、2021年7月に設立した筆者が代表を務める法人の立上げと執筆を常に支えてくれた家族に、改めて感謝の意を表する。

2022年1月　三河 進

目次

第4章 設計におけるBOM

第5章 購買・製造におけるBOM

第6章 3Dモデル・図面管理

第7章 部品番号と図面番号

第8章 製品開発プロジェクト管理

第12章 IT導入プロセスの改善

DXと従来の
ITプロジェクトの違い

本書ではDX時代のPLM/BOMについて解説を進めていくが、

そもそもDX（デジタル・トランスフォーメーション）と

従来のデジタル化の違いは何だろうか？

本章は、PLMとBOMの概要、デジタル化の3段階について解説し、

DX時代のプロセス改善のコンセプトについて

理解を深めることをねらいとしている。

1

初級 **DX**
中級
上級

PLMとは?

PLMとは、Product Lifecycle Management の略で、
製品ライフサイクルを通して製品価値を最大化する経営手法である。
また、PLMシステムとはそれを支援するシステムである。
その概要について理解を深めていくことから開始しよう。

　第1章ではDXと従来型のIT導入の違いを解説していくが、最初に本書における PLM/BOM/DX という言葉の定義を共有したい。ここではPLMとは何か? から開始しよう。

PLMの定義

　PLM とは Product Lifecycle Management の略であり、日本語では製品ライフサイクル管理と訳される。本書ではPLM に関する類義語が登場するが、以下の定義とした（ただし、省略形でPLMシステムのことをPLMと呼ぶこともある）。

1. PLM：製品の技術情報をライフサイクルにわたって管理し、その製品や事業価値を最大化する経営手法
2. PLM システム：経営手法であるPLM の業務を効率的、安定的に運用するための支援システム。企業別に実装されたものを指す。
3. PLM ソフトウェア：市販されている PLM パッケージソフトウェアであり、企業向けの設定やアドオンが可能である。

PLM が管理する情報

　図表1はPLM（製品ライフサイクル管理）の全体概念を示す。図の上部は経営手法としてのPLMであり、商品企画から開始し、設計、製造されて保守までの製品ライフサイクルの終了までを対象としている。

　PLMが管理する技術情報は、ライフサイクルに沿って成長する。商品企

図表1●PLMの概念

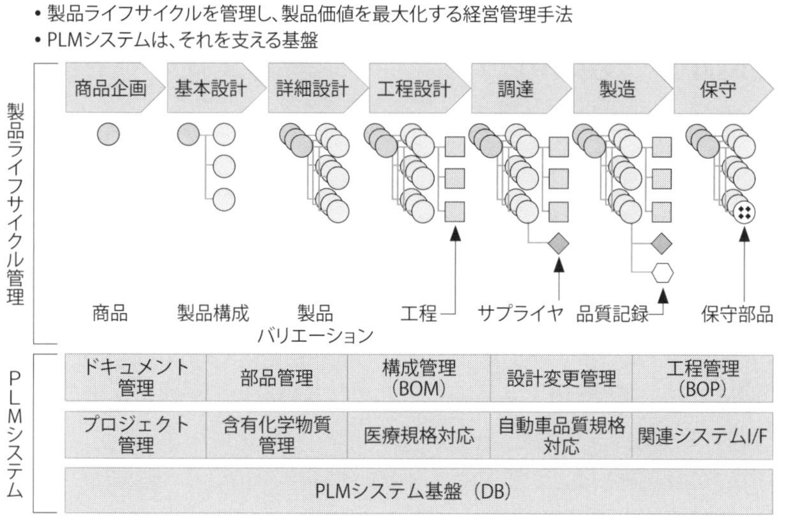

- 製品ライフサイクルを管理し、製品価値を最大化する経営管理手法
- PLMシステムは、それを支える基盤

画時点では商品／製品しかないが、設計の詳細化に伴い、製品からアセンブリや部品に分解され、BOM（部品表）が作成される。並行して設計関連のドキュメントが作成され、BOMに関連付けられる。工程設計では、工程設計や調達に関する情報、製造が開始されると品質記録などの製造関連情報が追加される。保守段階になると、保守用パーツリスト、部品交換や修理記録がBOMに関連付けて管理されることがある。

PLMシステムが提供する機能

図表1の下部は、業務プロセスを支援するPLMシステムの機能構成である。代表的なものとしてドキュメント管理、部品管理、BOM管理、設計変更管理、工程（BOP）管理、プロジェクト管理があげられる。業界・業種別によっては、自動車品質、医療機器、含有化学物質管理などの規制対応のプロセスを支援する機能が実装されることもある。

市販されているPLMソフトウェアは多くの標準機能を提供しているので、それをうまく利用することでベストプラクティス（先進事例）や短期間のシステム導入を行うことができる可能性がある。

2

BOMとは何か?

BOMとは、Bill of Materials の略で、製品を構成する部品リストのことである。
設計や生産管理、サービスで利用される
E-BOM、M-BOM、S-BOMについて解説する。

BOMとは、書籍1冊をかけても書ききれない深いテーマだが、ここでは第一歩として、言葉の定義から入りたい。

BOMの定義と役割

BOM（読み方はボム、またはビーオーエム）はBill of Materialsの略で、直訳すると材料表である。部品表と呼ばれることも多い。

BOMは、製品を構成するアセンブリや部品を定義したデータベースである。製品の規模や構造により複数階層になることもあり、製品以下に複数のアセンブリや部品が構成されるイメージだ。

BOMは1(p12)でも登場したが、商品企画、見積、設計、生産管理、購買、製造、保守など、さまざまな業務シーンで利用される製品構成を表現するマスター情報である。BOMの精度が高いと業務品質や効率を向上させることができるが、精度が低いと業務は混乱し、業務上の間違いや手戻りが発生しやすくなる。したがって、BOMの精度をいかに高めるかが、PLMやBOMの業務設計、システム構築を行う際のキーとなる。

E-BOM

図表2は、代表的な3種類のBOMを示す。

左のE-BOMとはEngineering BOMの略で、設計BOMや技術BOMとも呼ばれる。ドキュメントや図面含めた設計情報は、E-BOMを中核として管理される。中間層は機能またはASSYである。

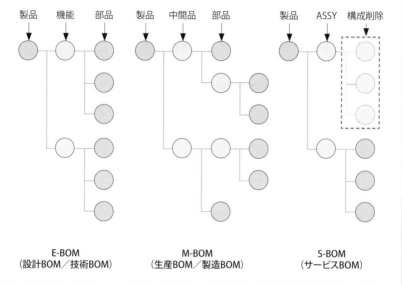

図表2●BOMの種類

- BOMが1つしかない企業も多い
- 大きく分けると以下3つの形態がある。部門や場面により使い分ける。

製品　機能　部品　製品　中間品　部品　製品　ASSY　構成削除

E-BOM
（設計BOM／技術BOM）

M-BOM
（生産BOM／製造BOM）

S-BOM
（サービスBOM）

M-BOM

　図の中央はM-BOMを示す。Manufacturing BOMの略であり、生産BOM、製造BOMとも呼ばれる。生産用のマスターで、工場の生産管理、購買、工程設計の各部門などが共同でメンテナンスする。M-BOMはE-BOMを元に作成され、生産都合による中間品や工程の追加などの構成の組み換え、自社調達不要品の削除などが行われる。

S-BOM

　図の右はS-BOMと呼ばれるサービス用のBOMである。サービスBOM、保守BOMと呼ばれることもある。量産製品におけるS-BOMでは、アフターパーツとして提供可能な部品で構成されるので、提供不可の部品は図のように構成を削除するのが一般的である。生産設備のような個別受注品の場合は、出荷後の構成をS-BOMとして管理し、保守用の交換部品などをこの中に記録する。

3

DXの特長：
ビジネスモデル変革

DXとは、デジタル技術を活用したビジネスモデル変革である。
ここでは、ビジネスモデル変革の歴史、事例や
テクノロジーについて理解を深めよう。

■ DXとは

　DXはDigital Transformation、デジタル・トランスフォーメーションの略である。これは新しい言葉なので定義は諸説あるが、一般に「DXとは、ツールの導入を行うといった局所的なIT導入のことではなく、デジタル技術を採用した根本的なビジネスモデルの変換を指す」[*1]とされている。本書ではこの解釈に則って解説する。

■ 第4次産業革命

　「DXとは第4次産業革命そのものだ」という説もある。第1次産業はイギリスを発端とする蒸気機関の発明による機械工業の始まり、第2次産業は重工業中心の革命であり、自動車や大量生産が可能になった。第3次産業では、コンピュータやエレクトロニクス、インターネットが進展した。そして、第4次産業革命は、AIに代表されるデジタル技術やIoT[*2]などの先端テクノロジーを活用した社会構造の変革であるとされる。インダストリー4.0とは、ドイツが国家戦略として推進する第4次産業革命の代表例である。

■ スマートファクトリー

　スマートファクトリーとは、インダストリー4.0[*3]を具現化した先端テクノロジーを取り入れた先進工場のことである。**図表3-1**は、国内工場におけるAIやIoTを活用した生産性の大幅向上を目指した取組み事例をまとめたものだ。共通しているのは、「センサーで工場の稼働データを取り込んでAIで解析し、

図表3-1●国内製造業のスマートファクトリーを指向した改革事例

企業名	内容	目的・効果
A社	国内外にある工場をインターネットで相互につなぎ、生産に関するデータをリアルタイムで共有する体制を構築。データをリアルタイムで分析し、生産ラインの制御に直接反映させる取り組みを開始。	品質や生産性の改善
B社	1000近い工程からなる生産ラインのデータを分析し、シリコンウエハーの加工や輸送などの工程を最適化。トランザクション数は、1秒ごとに約18,000件、1日当たり約16億件。	工程の最適化 良品率向上
C社	ロボットだけで部品を組み立て、デジタルカメラをつくる完全自動化ラインを構築する。2015年をめどに大分など国内2工場の一部で稼働させる。	コスト競争力
D社	計158台のセンサーで、装置や工程ごとにデータを収集して、品質や生産性を落とさずに緻密な省エネ制御を実行。　※エネルギー管理システムとして外販。	省エネ 環境対策

出典：三河進、「インダストリー4.0と自動車業界におけるものづくり改革の最新動向」、NEC技報Vol68、2015年、p29から抜粋して作成

図表3-2●工場生産モデルと3Dプリンタでの生産モデル

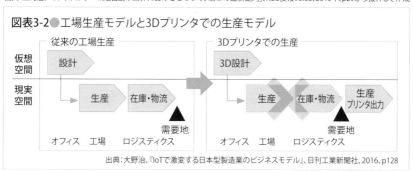

出典：大野治、『IoTで激変する日本型製造業のビジネスモデル』、日刊工業新聞社、2016、p128

ネットワークを介して生産ラインや省エネ制御にフィードバックする」という経営的な取組みが主体となっていることだ。

■ 3Dプリンタ

　3DプリンタはDX実現のための先進テクノロジーの1つだ。2015年にNASAは、地上から宇宙ステーションで必要な工具の3Dデータを転送し、宇宙ステーションで3Dプリンタに出力させた[4]。**図表3-2**の3Dモデルでの生産は、オフィスで3D設計し、需要地で3Dプリンタにより直接生産する方式であり、生産と物流を省略した革新的なビジネスモデルを示している。

*1 石角友愛、『いまこそ知りたいDX戦略』、ディスカヴァリー・トゥエンティワン、2021年、p12から引用
*2 IoTとはInternet of Thingsの略で、「モノ」をインターネットに接続し、情報交換することで相互に制御する仕組みのこと
*3 インダストリー4.0とは、ドイツ政府が推進する国家プロジェクトのことで、標準化によりドイツを1つの仮想工場するコンセプトがある
*4 大野治、『IoTで激変する日本型製造業のビジネスモデル』、日刊工業新聞社、2016年、p128を参考に記載した

4

DXの特長：
経営者が主導するデジタル改革

DXはビジネスモデルを変えるデジタル改革であるが、
デジタル化には3つの段階が存在する。
それぞれの違いを確認し、DXの定義を再認識しよう。

デジタル化には3つの段階がある。DXはその最高段階で、ビジネスモデルを変えるデジタル技術を用いた経営改革である。ここでは、デジタル化の段階とDXの特長について解説する。

■■ デジタル化の3段階

図表4は、デジタル化の3段階を示す。左から2列目、3列目は、ゼネラルなデジタル化の段階と定義である[*5]。4列目は、それに基づいて筆者が定義した開発プロセスやPLMにおける各段階の施策例だ。もう少し掘り下げてみよう。

■■ デジタイゼーション

まずデジタイゼーションであるが、これは従来紙で実施してきた業務を、シンプルに電子データに置き換えることだ。

開発プロセスやPLMにおけるデジタイゼーション例としては、「従来ドラフタ設計していたプロセスを、2DCADを使った設計に変更する」「紙図面の押印承認フローに電子ワークフローを利用する」などがあげられる。業務を変えずに電子化しただけであれば、それはデジタイゼーションに分類される。

■■ デジタライゼーション

2番目のデジタライゼーションとは部門単位の最適化活動で、デジタルデータを活用して、業務プロセスの効率化を図ることである。

開発プロセスやPLMで考えてみると、3Dモデルを用いたCAE解析がこ

図表4●デジタル化の段階

デジタル化の段階	定義	推進組織	開発プロセスやPLMにおける施策例
デジタイゼーション	アナログからデジタルへの移行 情報をデジタルツールで作る 技術に関する変革	情報システム部 経営企画部 事業部単体 部門単位	• 手作業の自動化 • ペーパーレス化 • 図面の電子化 • CADによる設計 • 承認フローの電子化
デジタライゼーション	デジタル化したデータを利用して、ビジネスプロセスを変革する 情報のやり取り、共有をデジタルツールで行う 作業の進め方を変え、顧客や企業の関与と相互作用の方法を変革し、新しいデジタル収益源を生み出すこと（ガートナーの定義） 技術に関する変革	情報システム部 経営企画部 事業部単体	• ERPによる全社経営資源の共有 • RPAによる省人化 • AIを活用した研究部門内の効率化 • 3D設計＋CAEによる設計品質向上 • PDMシステムによる技術情報の部門内共有
デジタルトランスフォーメーション（DX）	恒久的な新しいビジネスモデルやコアビジネスのデジタル変革 情報の利活用で社会そのものが変わる 人や組織に関する変革	経営者＋上記	• 自社だけでなく、顧客やサプライヤ、ステークホルダーを巻き込んだ変革 • グローバルPLM • ライフサイクルを通じたBOM再構築

れに該当する。これは、設計品質向上や手戻り削減という点で効率化が図れるが、多くは部門活動に限られるので、デジタライゼーションに分類した。また、PDMシステムも業務効率化に貢献するが、設計部門中心の取組みならばデジタライゼーションである。

DX

最後のDXは経営者が主導する経営改革であり、自社およびパートナーを含めたデジタル化による組織横断のビジネスモデル変革である。開発プロセスやPLMでは、顧客やサプライヤを含む全世界の拠点が利用するグローバルPLMの構築、ライフサイクルを通じた全社的なBOMの再構築などがこれに該当する。これらは、経営者が主導しなければ実現しえないデジタル改革だからだ。

＊5 一般的なデジタル化の段階の定義は、『いまこそ知りたいDX戦略』（石角友愛、ディスカヴァー・トゥエンティワン、2012年、p21）を参考にして筆者が作成した

5

DXの特長：
組織とITの結合状態

DXはシステム構築がゴールではなく、その後の進化が重要だ。
柔軟にプロセスを成長させていくための
組織とITの結合状態のあり方について理解を深めよう。

　組織とITの結合状態は、意思決定プロセスや進化に影響を与えるとされる。ここでは、疎結合と密結合の違いとDXへの適応度について解説する。

■■■ システムの疎結合と密結合

　ほとんどのシステムは他システムとインターフェイスで結合されているが、その結合状態は大きく疎結合と密結合に分類することができる。

　疎結合とは、複数のシステムが細いインターフェースで結合されており、少ない情報伝達量で連携されている状態を指す。それぞれのシステムは独立性が高いので、限定的な範囲の検討で、システムのバージョンアップや切替えが可能である。ただし、連携は強くないので、1つのシステムに入力した情報と他システムで不整合が生じることもあり、同期をとるなどの運用上の工夫が必要になる。

　一方、密結合は太いインターフェースで結合されており、マスターの共有化やデータの一元管理など、密な情報の相互連携を図ることができる。ただし、システムのバージョンアップや置換を行う際に、他システムへの影響分析など、システム全体を見通した慎重な検討が必要となる。

　図表5は、製造業におけるPLMを中心として描いたシステムの連携イメージであり、複数のシステムが連携して業務処理を行う必要があることを示す。業務の環境変化に伴い、システムを進化させていく必要があるのだが、これらのシステムが疎結合だと、より柔軟で迅速な対応をとれる。このことは、システムの疎結合はDXに適した結合方式であることを示唆している。

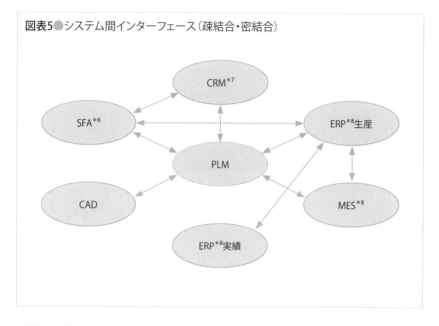

図表5●システム間インターフェース（疎結合・密結合）

組織の疎結合と密結合

　結合状態は、システムだけでなく、組織についても同様のことがいえる。以下は、DXの文献でよく参照されるネットフリックスの創業者・CEOのリード・ヘイスティングの言葉の引用である。

　「疎結合なシステムでは、コンポーネント間の相互依存性は低い。土台から変更しなくても、それぞれを修正することが可能な設計になっている。ソフトウェアエンジニアは疎結合を好む。他の部分に影響を与えず、システムの一部を変更できるからだ。組織の構造も、コンピュータプログラムと少し似ている。会社組織が密結合になっていると、重要な意思決定はトップが行い、各部門に下ろしていくことになり、それは部門間の相互依存性を高める。」[9]

　DXとはプロジェクトが終了した瞬間の状態がベストではなく、組織も含めた中長期的な進化への対応力が重要なのである。

＊6 SFAはSales Force Automationの略で営業支援ツールのこと
＊7 CRMはCustomer Relationship Managementの略で顧客関係管理のこと
＊8 MES、ERPは後の章で別途解説する
＊9 出典：リード・ヘイスティング、『NO RULES』、日経BP社、2020年、p360

DXの特長：
グローバル標準への準拠

**DX実現に必要な、グローバル標準プロセスへの準拠と、
Fit to Standard というコンセプトについて理解を深めよう。**

　グローバル標準への準拠とは、業務プロセスを極力グローバル標準プロセスや機能に合わせる考え方である。その重要性について解説する。

■■■ グローバル標準へのフィッティング

　DX実現のためには、5（p20）で解説したようにシステムを疎結合化し、自社のコアコンピタンスでないプロセスについては、ソフトウェアをサービスとして購入し、そのソフトウェアが提供するプロセスや機能にフィットした業務を行うべきである。そして、自社固有の強みに該当するプロセスだけを個別化して、開発するのである。

　これもDX戦略で有名なネットフリックスのIT戦略のコンセプトとして、「クラウドを使い倒し、足りないものはマイクロサービスで開発」（参考文献：西山圭太、『DXの思考法』、文藝春秋、2021年、p121）という考え方が紹介されている。ネットフリックスが目指したものは、自社サービスの早急なグローバル展開実現のために、クラウドサービスを徹底的に利用し、そこにないもの（その企業の独自の戦略やコアコンピタンスの実現手段）だけを自社開発するという考え方なのである。

■■■ ウォードリー・マップ

　ウォードリー・マップとは、ビジネス課題とシステムの専用度・汎用度からなる二次元チャートの上に、使用する情報システムをマッピングしたものである。その上で、各システムの上記における位置づけを明確化し、サービ

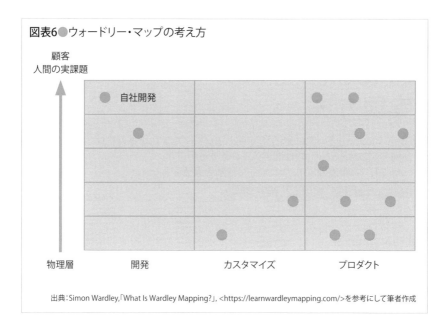

図表6●ウォードリー・マップの考え方

顧客
人間の実課題

● 自社開発

物理層　　　　　　　開発　　　　　カスタマイズ　　　　　プロダクト

出典：Simon Wardley、「What Is Wardley Mapping?」、<https://learnwardleymapping.com/>を参考にして筆者作成

スとして購入するもの、開発すべきものを分類、分析するのだ。

図表6のウォードリー・マップにおいて、横軸のプロダクトは製品であり、カスタマイズはその修正、開発は企業固有のシステムを意味する。縦軸は、人間の実課題に近いものが上方にプロットされる。すなわち業務課題である。左上に位置するシステムだけを自社開発し、中央のゾーンにあるシステムは市販のパッケージをカスタマイズし、右のゾーンはサービスとして購入すべきシステムであることを示している。

■ Fit to Standard [10]

Fit to Standardとは、ERPにおける標準機能を最大限に活用した導入方式であるが、PLMでも応用が可能だ。ただし、PLM導入検討時に、従来プロセスの踏襲をする考え方を捨てきれないとこの導入方式は失敗する。プロジェクトメンバー全員がこの意識をもつことが、グローバル標準への準拠の必須条件である。

[10] パッケージの標準機能を最大限に利用するERPなどで使用される導入方式。カスタマイズの最小化やベストプラクティスの利用が期待できる。

Fit to Standardの
実現方法

Fit to Standardとは主にERPで用いられるソフトウェアの標準機能に
業務を合わせることで、短期間導入を実現する手法だ。
PLMにおける実施のポイントについて理解を深めよう。

Fit to Standardとは、業務をパッケージが提供する標準機能に合わせることだが、実際には容易ではない。ここでは、その実現に向けたGAP分析と標準化を推進するための判定ロジックについて解説する。

GAP分析とは

GAP分析とは、業務が必要とする機能とパッケージが提供する標準機能の乖離を分析することである。

図表7は、GAP分析と標準機能の利用可否を判定するためのロジックチャートである。抽象的だとわかりにくいので、図面に対する承認プロセスを例示した。

まず、図の左側の部分で、業務が必要とする機能と、パッケージが提供する標準機能の乖離を分析した。これがGAP分析である。この例では、業務が必要とする機能要件は承認時に図面上に電子的に捺印することである。

一方、標準機能が提供するものは電子証跡である。つまり、図面に電子的に捺印するのではなく、電子ワークフロー上で、誰がいつ何を承認したかという証跡をとるのである。この例では明らかにGAPがあるので、対策が必要である。

GAPに対する判定ロジック

GAPに対する判定ロジックとは、GAPの原因が製品や事業特性、企業の独自性、競争力に関係しているかどうかを判定し、「関係しないのであれば、

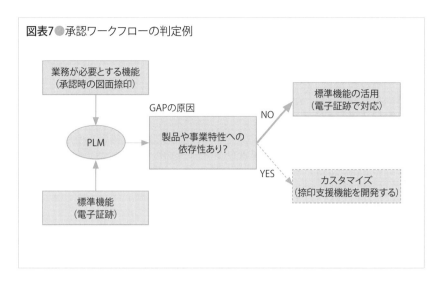

図表7●承認ワークフローの判定例

業務が必要とする機能
（承認時の図面捺印）

↓

PLM

↑

標準機能
（電子証跡）

GAPの原因

製品や事業特性への
依存性あり？

NO → 標準機能の活用
（電子証跡で対応）

YES → カスタマイズ
（捺印支援機能を開発する）

標準機能を利用する」「そうでなければカスタマイズする」という考え方である。仮に業務が必要とする機能が企業の競争力に関係する場合、標準機能に合わせてしまうと、競争力が低下する恐れがあるからだ。

　この例では競争力に関係ないと判定されたので、標準機能を利用する、つまり電子ワークフローで承認証跡をとる方針に決定した。

■ TOBEモデルとのGAP

　TOBEモデルとは、企業独自の問題解決策を織り込んだ、あるべき姿を表現したコンセプトのことである。しかし、実際のPLM導入プロジェクトでは、標準機能を活用した業務設計だけでなく、自社の問題の解決方法を備えた業務設計や、それと標準機能のGAPも分析する必要がある。

　GAP分析を開始する前に、このプロジェクトは「あくまで標準機能への適合度を高めることを目標とするのか」「問題解決を主軸とした自社独自のTOBEモデルの実現を目標とするのか」あるいは「そのミックスなのか」をあらかじめ決めてから、GAP分析を開始することが肝要である。

デジタル化の段階と
PLM導入方法の歴史

1990年代からの、製品開発プロセスのデジタル化による業務効率化を振り返ってみると、デジタル化の段階はPLMの導入方法の歴史そのものであると言える。ここでは、第1章のまとめとして、デジタル化の段階とPLMの導入目的の変化について解説する。

■ デジタイゼーション時代のPLM

PLM（当時はまだPDM[*11]と呼ばれた）は1990年代に日本に導入されたが、当初はBPR[*12]をせず、現状業務の電子データ化が導入の目的だった。これはまさに、デジタイゼーションであったと言える。

■ デジタライゼーション時代のPLM

2000年代に入ると、設計部門を中心とした技術情報を一元管理し、業務プロセスの改善を目的として、PLMを導入するタイプのプロジェクトが増加した。PLMの導入企画や要件定義の手法が変わり始めたのもこの頃である。BPRをするという観点でデジタライゼーションといえる。この時代は確かにPLMと呼んではいたが、まだライフサイクル全体をスコープとしたプロジェクトは少なかった。

■ DXとしてのPLM

2010年代に入ると、経営幹部が主導し、設計部門だけでなく企画、営業、製造、保守、サプライヤや顧客までを巻き込むライフサイクル全体を対象としたPLM導入プロジェクトが増加した。2010年当時は、まだDXという言葉は使っていなかったが、本書の定義から考えると、このタイプのPLM導入はDXだったといえる。

図表8●PLMとデジタル化の段階

記号	段階	設計プロセス例	技術情報の管理方法例
D0	紙主体で業務を行う段階	ドラフタによる設計	紙資料による保管 紙のコピーで技術文書を共有
D1	アナログだった業務をデジタル化した段階⇒デジタイゼーション	従来ドラフタで実施していた設計を2DCADに置き換えた段階 設計手法はドラフタと同じ	ワードやエクセルなどで技術文書を作成し、個人のスタンドアロンPCで保管している段階
D2	デジタル化したデータを用いて、部門レベルでの業務を効率化している段階⇒デジタライゼーション	3D設計を行い、干渉チェックなどにより設計品質を高めている 3Dモデルに対して、CAEを実施し、設計検証を行っている	ネットワークで接続されたPCや、図面管理システムやPDMシステムを導入し、設計部門内で技術文書を共有している段階
DX	デジタル化したデータを用いて、組織横断、または会社を超えた効率を行っている段階⇒DX	3Dモデルを用いた営業段階、生産技術、製造、検査への活用、サプライヤとのコラボレーション効率化など、企業内外に渡る設計効率の向上を図っている段階	技術文書をPLMシステムで部門横断、社外との情報共有にまで活用している段階。単なる技術情報共有だけでなく、経営改革、業務改革につなげている。

■ デジタル化の段階を組み合わせたPLM

　PLMの導入方法の歴史は、デジタル化の3段階の進化を表していることを再認識することができる。その内容を**図表8**に整理した。

　ただし、DXを指向したPLM/BOM導入であったとしても、DXだけで構成されるわけではない。紙の業務を電子化するデジタイゼーションの要素もあれば、部門の個別課題を解決するデジタライゼーションの要素もある。サプライヤを含めた組織横断の施策であるDXの要素も含まれる。したがって、デジタル化の3段階を組み合わせたプロジェクトになることが自然である。

　ちなみに、本書では各項の右上にデジタル化の3段階（D1、D2、DX）の記号を明示したので、ぜひ参考にしていただきたい。

* 11 PDMはProduct Data Managementの略で製品データ管理のことである。CADデータやBOMを主な管理対象としている
* 12 BPRはBusiness Process Re-engineeringの略で、業務改革のこと

コラム1：合宿形式のプロジェクトの立上げ

　業務IT改革プロジェクトの立上げは、PLMやBOMに限らず難しい。部門横断のプロジェクト体制を構築する必要があり、費用が発生するからだ。関係者を巻き込むためには、改革コンセプトが経営幹部と実務部門の部門長から承認される必要がある。また、費用の執行については、プロジェクトの投資対効果が明確になっていなければならない。

　このコラムでは、プロジェクトの立上げ方法の1つであるプロジェクト立上げ合宿について、ストーリー仕立てで紹介しよう。プロジェクト立上げ合宿とは、経営幹部やリーダーが1ヵ所に集合し、そこで集中討議することによって、意識付けや改革の方向性の合意することを目的としている。

　まずは、合宿参加者の役割、参加前の状況を示しておく。

●企画推進者：経営企画部員

　合宿の発起人であり、プロジェクトを立ち上げて実行し、成果を出していく推進責任者に就任予定である。合宿前の時点で、改革コンセプトの素案は作成されていて、経営幹部には説明済だが、実務メンバーの巻込みはまだである。

●経営幹部：役員クラス

　プロジェクトを今後遂行していくかどうかを判断する。合宿前においては企画推進者の後ろ盾であり、合宿の実行までは承認している。

●実務メンバー：実務部門の部課長クラス

　業務改革のプロジェクトなので、業務改革のコンセプトを自ら考案し、実行に移す部門責任者の立場となる。合宿前は、企画推進者や経営幹部の考えは知らされていない。

●外部支援者：合宿を支援するベンダーとコンサルタント

　外部の立場で、合宿の遂行を円滑化、最新IT動向などの情報提供を行う。プロジェクトが実行に移った際に、ITソリューションやサービスを提供する立場。

［コラム2（p44）に続く］

第2章

ドキュメント管理

ドキュメント管理は、
PLMの中でももっともベーシックかつ取組みが容易で、
効果を出しやすい技術情報の一元化のコンセプトである。
本章は、そのデータモデルやアクセス権管理の考え方、
問題解決方法、効果の推定方法について
理解を深めることをねらいとしている。

9

ドキュメント管理の
基本概念 (1)

ドキュメント管理はPLMソフトウェアの基本機能の1つで、
最初にこれを導入する企業も多い。
ここではそのデータモデルについて理解を深めよう。

　本書は、PLMやBOMによるプロセス改善をテーマとしているが、まずその基本概念としてデータモデルがどうなっているかを確認し、その後運用の改善方法に入っていくパターンで説明を進めていく。また、本書で述べるデータモデルは、多くのPLMソフトウェアではこの考え方に基づいているが、ソフトウェアによって実装方式や機能名称が異なる場合があるので、最初に但し書きとしておきたい。

■　ドキュメント管理のデータモデル

　PLMの中でもっとも基本になるのが、ドキュメント管理だ。**図表2-1**はそのデータモデルである。Windowsの世界ではドキュメントというとワードやエクセルを連想するが、PLMの世界では、1つのドキュメントはドキュメント管理アイテムと物理ファイル、それらを結合するリレーションから構成される。

■　ドキュメント管理アイテムと物理ファイル

　ドキュメント管理アイテム（以下、管理アイテムと省略することもあるが、同意である）はメタデータ（属性）を管理する。Windowsで管理されるファイルにもメタデータは存在している。ファイルを右クリックしてプロパティを見ると、ファイルサイズや作成日時、作成などの情報を参照することができる。これと同じである。

　また物理ファイルは、これまでWindowsでもおなじみのデータファイル

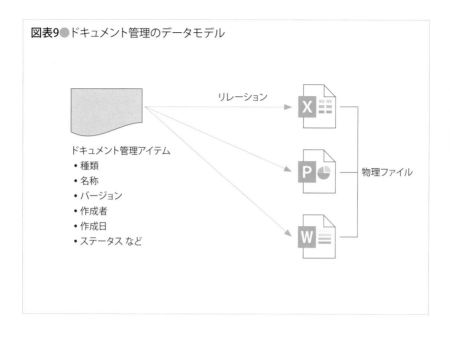

図表9●ドキュメント管理のデータモデル

リレーション

ドキュメント管理アイテム
- 種類
- 名称
- バージョン
- 作成者
- 作成日
- ステータス など

物理ファイル

のことである。もっとも PC 上に存在するだけでは PLM システムは認識しないので、PLM システムに対して登録するという行為が必要だ。

■ リレーション

　管理アイテムと物理ファイルを関係付けると、それらの間にリレーションが作成される。

　リレーションの目的は、管理アイテムに対して複数の物理ファイルを関連付けることだ。PLM がサポートする製品開発プロセスでは、1つの成果物を複数のファイルで表現する必要があることも多い。いわゆる「一対多」の関係である。たとえば、商品企画書という成果物がワードやエクセル、パワーポイント、構想図面など複数のデータファイルで表現されることもある。それを表現するのが、リレーションである。

　これで、**図表9**のデータモデルを完成することができた。1つの成果物を表現するドキュメントは複数の要素で構成されているが、業務上はこれらを一体的に取り扱う方が理解しやすいし便利なので、以降はドキュメントという一括りで説明する。

ドキュメント管理の
基本概念（2）

PLMにおけるドキュメント管理の特長は
履歴管理とライフサイクル（ステータス）が管理できることだ。
ここでは、その目的と基本的な考え方について理解を深めよう。

■■　チェックインとチェックアウト

　ドキュメントの履歴は、PLMの世界ではバージョンで表現される。バージョンはドキュメント管理に限らず、PLM内で履歴管理されるアイテムの共通概念である。バージョンを考える上で、まず理解しておきたいのが、チェックイン*1とチェックアウト*2である。**図表10-1**は、チェックインとチェックアウトの典型的な使い方を示している。

左図は、個人フォルダから共有フォルダにバージョン1をチェックインし、プロジェクトメンバーと共有する。共有状態を維持したまま、個人フォルダにバージョン2をチェックアウトし、編集するシーンを示す。ここでのフォルダの概念は、**14**（p40）であらためて解説したい。

　右図は、作業中のドキュメントであったバージョン1を承認処理後に正式化し、それを残したまま、チェックアウトしてバージョン2を作成し、改版を進める手順を示している。

■■　履歴管理

　ここから運用の話である。**図表10-2**の左図は、ドキュメントのバージョンが1⇒2⇒3⇒4と上がっていく状態を表現している。これはチェックアウトとチェックイン、承認による正式化を組み合わせてバージョンアップされていくイメージを示す。Windowsの世界ではファイル名にバージョンやリビジョンの情報を入れてマニュアル管理することが多いと思うが、PLMの世界ではバージョンを使って履歴管理するのだ。

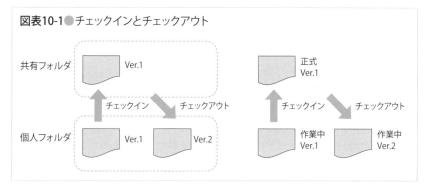

図表10-1●チェックインとチェックアウト

共有フォルダ Ver.1 正式 Ver.1

チェックイン チェックアウト チェックイン チェックアウト

個人フォルダ Ver.1 Ver.2 作業中 Ver.1 作業中 Ver.2

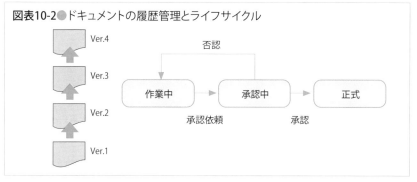

図表10-2●ドキュメントの履歴管理とライフサイクル

Ver.4

Ver.3 否認

Ver.2 作業中 → 承認中 → 正式

Ver.1 承認依頼 承認

■ ライフサイクル

　PLMの世界では、ドキュメントに限らず、管理アイテムをライフサイクルで管理する。ライフサイクルは、ステータスとも呼ばれる。製品開発プロセスでは、個人、チーム、企業の各レベルでコンカレント的に作業が行われる。ライフサイクルは、製品開発チームのメンバーがアイテムの状態や完成度を把握しながら、仕事をすることに利用される。

　図表10-2の右図に、ライフサイクルの運用例を示した。ライフサイクルは作業中、承認中、正式の3種類であり、まだ作成者が編集している段階、承認ワークフローに投入され、承認されている段階、承認が完了し、確定した段階を示している。

＊1 チェックイン：自身が編集中の管理アイテムを共有エリアなどに登録し、自分の更新権をリリースすること
＊2 チェックアウト：更新権を獲得し、編集するために個人向けに取り出す概念

11

他部門のドキュメントの入手に時間がかかる

PLMにおけるドキュメント管理の目的の1つは、
複数部門のドキュメントを統合管理し、入手性を高めることである。
その問題解決のポイントについて理解を深めよう。

　自部門のドキュメントは自部門のファイルサーバで管理されていて、作成者に聞けば最新版の入手は容易である。しかし他部門のドキュメントの場合、ファイルサーバにアクセスできなかったり、最新版の把握が困難な場合がある。ここでは、この問題に対するドキュメント管理による解決方法を説明する。

■ 問題

　図表11-1は、ドキュメント管理の改善前の典型的なドキュメント管理の状態を示す。自部門の文書ファイルは、ファイルサーバやキャビネット（紙）で管理されていて、部門メンバーであればいつでも参照することはできる。しかし、他部門の文書ファイルを入手する場合、その部門のファイルサーバに対するアクセス権がないこと、キャビネットに保管されている文書を無断で参照できないことがあり、その部門の文書ファイルを入手するには、常に依頼をする必要がある。

　また、他部門のファイルサーバが参照できる状態であっても、そのファイルが最新なのかを確認しなければ業務上のミスが発生するリスクがある。

■ ドキュメントの統合管理

　この問題に対しては、**図11-2**に示すドキュメントの全体的な統合が有効だ。PLM内に最新ドキュメントや履歴情報を一元管理できるからだ。システム的には、市販のPLMのソフトウェアを利用することで短時間の移行が可能である。承認ワークフロー、アクセス権管理、ドキュメントの属性管理や全

図表11-1●部門別に分散して管理される文書ファイル　　W Word　X Excel

設計部サーバー
- 3D 3Dモデル(X,1)
- X 設計BOM
- X 性能計算結果
- W 製品仕様書(X)

図面管理システム
- 2D 総組図(X,1)
- 2D 部組図(C,1)
- 2D 部組図(A,2)
- 2D 部品図(B,2)
- 2D 部品図(D,2)
- 2D 部品図(E,1)

製造部サーバー
- W 製造指示書(E)
- W 製造指示書(B)
- X コントロールプラン(C)

製造部キャビネット
- 図面(紙)
- 製造指示書(紙)
- コントロールプラン(紙)

設計部サーバー
- X コントロールプラン(C)
- X コントロールプラン(B)
- W 金型仕様(E)

生産技術部キャビネット
- 図面(紙)
- 金型図(紙)
- コントロールプラン(紙)

品質管理部サーバー
- 3D 品質記録(X)
- X 品質記録(A)
- X 試験結果B)
- W 試験結果(E)

品質管理部キャビネット
- 図面(紙)
- 製造指示書(紙)
- 品質記録(紙)

図表11-2●PLMによるドキュメント統合管理　　□ 文書ファイル

営業部　設計部　生産技術部　品質保証部

商品企画部　購買部　製造部　海外拠点など

グローバルPLMシステム

文検索機能、履歴管理機能が標準で搭載されているからだ。

■ 効果確認とルール整合

　システムの導入に並行して、ユーザの意識改革やルール整合も必要である。

　13（p38）に示すように、全社的にドキュメント入手時間がどれくらい短縮できるかを計測することで、新システムへの移行の意識が高まる。

　また、ドキュメント管理の全社的な運用ルールの整合が必要だ。統合管理といっても、アクセスルールなしで、フルコントロールというわけにもいかない。これらについては、14（p40）、15（p42）で補足説明をする。

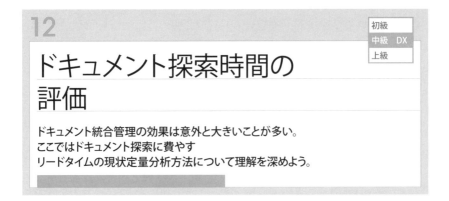

ドキュメント探索時間の評価

ドキュメント統合管理の効果は意外と大きいことが多い。
ここではドキュメント探索に費やす
リードタイムの現状定量分析方法について理解を深めよう。

11（p34）で、全社でドキュメント統合管理をするための課題として、ユーザの意識改革があることを説明した。では意識改革とは何だろう。

どのユーザにとっても、ドキュメントを全社的に統合管理するのは、あるべき姿としては理解できる。しかし、昔から慣れ親しんだルールで部門のファイルサーバや文書用キャビネットを管理していて、運用は回っている。にもかかわらず、ドキュメントが全社統合に移行されると、これまでの部門ルールや習慣を捨てる必要があり、ユーザにとってのメリットがないと受け入れられない状況はあり得るだろう。

それを変えるのが意識改革である。1つの方法として、全社と部門最適の両面で、ドキュメント取得工数やリードタイムが短縮できることを数字で証明するやり方がある。ここでは、それについて解説する。

■■ 現状のドキュメント探索リードタイム

測定対象としては、工数とリードタイムが考えられるが、ここでは、リードタイムの方で説明を進めたい。

図表12-1は、ドキュメント探索のプロセスを示す。いずれの場合も、探索対象の決定から、探索結果の確認までをリードタイムとしている。

■■ 探索リードタイムの分析

図表12-2は、この考え方で、ドキュメント種類別に探索リードタイムと月当たりの参照頻度を調査し、集計した結果である。調査は、部門代表者に

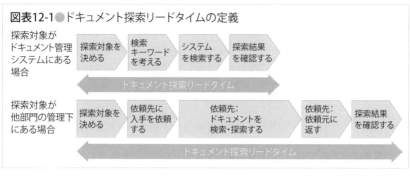

図表12-1●ドキュメント探索リードタイムの定義

探索対象が
ドキュメント管理
システムにある
場合

探索対象を決める → 検索キーワードを考える → システムを検索する → 探索結果を確認する

ドキュメント探索リードタイム

探索対象が
他部門の管理下
にある場合

探索対象を決める → 依頼先に入手を依頼する → 依頼先：ドキュメントを検索・探索する → 依頼先：依頼元に返す → 探索結果を確認する

ドキュメント探索リードタイム

図表 12-2●ドキュメント探索リードタイムの現状分析

ドキュメント名称	管理部門	現状		現状
		参照頻度(回/月)	探索LT（H）	累積LT(H／年)
製品用図面	開発	40	1	480
商品企画書	商品企画	2	2	48
商品基本仕様書	商品企画	2	2	48
購入仕様書	調達	2	4	96
受入検査書	調達	2	4	96
市場調査結果	商品企画	1	8	96
販売計画書	商品企画	2	8	192
ベンチマーク結果	商品企画	3	8	288
基本設計仕様書	開発	10	4	480
詳細設計仕様書（電気）	開発	10	4	480
工程図	生産技術	10	4	480
品質記録	品質管理	5	8	480
試験結果	品質管理	6	8	576
詳細設計仕様書（機構）	開発	20	4	960
詳細設計仕様書（ソフト）	開発	30	4	1440
生産設備仕様書	インドネシア・生産技術	3	40	1440
QC工程表	品質保証	20	8	1920
品質記録	インドネシア・品質管理	6	40	2880
金型図面	インドネシア・生産技術	8	40	3840

対する、アンケートで行った。表の一番右の列は、"現状累積リードタイム"
である。図表上はリードタイムを短縮形でLTと表記した。これは筆者が独
自に定義した指標で月間の参照頻度×探索LT×12で計算し、1年間に費や
すリードタイムの累積値を示す。これにより、ドキュメント種類別の探索に
おける問題規模の大きさと会社全体の年間ロスタイムを推測することができ
る。ちなみに、この結果から、インドネシア工場で作成される品質記録や金
型図面の入手に大きいロスが発生していることが判明した。

　ここでは、リードタイムで説明したが、探索工数についても、リードタイ
ムを工数に読み換えるだけで、まったく同じ調査が可能だ。

初級	
中級	DX
上級	

ドキュメント統合管理の効果の評価

ドキュメント統合管理への移行において、効果の定量化は有効な手段である。
ここでは、リードタイムの現状値を用いて、
効果を算出する方法について理解を深めよう。

統合管理による効果

　図表13-1の四角形の面積は、"累積LT（リードタイム）"を示す。縦軸はドキュメントの参照頻度、横軸は探索リードタイムで、"累積LT"はその積で表現される。つまり、外側の太線で示される枠である。

　ただし、ドキュメント統合管理で、参照頻度は改善できない。参照が必要な業務は変化しないからだ。また、リードタイムの中でも探索対象の決定や結果の確認時間は短縮できない。改善できるのは、それ以外のプロセスで要するリードタイム（または工数）である。

　とすると、参照頻度が高いが、システムで管理されておらず、人に依頼して入手するドキュメントがもっとも効果がでやすいことになる。

効果分析結果

　上記の考え方を元に、効果分析を実施した結果が**図表13-2**である。改善後の状態をあるべき姿の列に記入した。参照頻度は、とくに業務改善の対象にしていないので、数値はすべて現状と同じである。検索リードタイムは探索対象の決定や結果確認など、最低限要する時間の限界を1時間に設定した。

　短縮効果の列では、現状とあるべき姿の"累積リードタイム"の差を算出した。この結果から、ドキュメントの種類により、効果の差は大きく異なることがわかった。

　大きいところだと、インドネシアの生産工場で作成されるドキュメントは、参照頻度の割にリードタイムが長く、期待される改善効果は高いことが判明

図表13-1●ドキュメント探索時間短縮効果の考え方

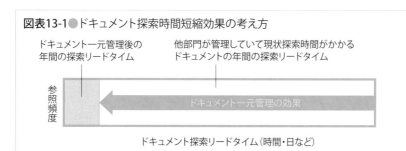

図表13-2●ドキュメント探索時間調査と効果推定表

ドキュメント名称	管理部門	現状		あるべき姿		短縮効果 (H／年)
		参照頻度 (回／月)	探索LT (H)	参照頻度 (回／月)	探索LT (H)	
商品企画書	商品企画	2	2	2	1	24
販売計画書	商品企画	2	8	2	1	168
市場調査結果	商品企画	1	8	1	1	84
ベンチマーク結果	商品企画	3	8	3	1	252
基本設計仕様書	開発	10	4	10	1	360
詳細設計仕様書（機構）	開発	20	4	20	1	720
詳細設計仕様書（電気）	開発	10	4	10	1	360
詳細設計仕様書（ソフト）	開発	30	4	30	1	1080
製品用図面	開発	40	1	40	1	0
購入仕様書	調達	2	4	2	1	72
受入検査書	調達	2	4	2	1	72
工程図	生産技術	10	4	10	1	360
品質記録	品質管理	5	8	5	1	420
試験結果	品質管理	6	8	6	1	504
QC工程表	品質保証	20	8	20	1	1680
生産設備仕様書	インドネシア・生産技術	3	40	3	1	1404
金型図面	インドネシア・生産技術	8	40	8	1	3744
品質記録	インドネシア・品質管理	6	40	6	1	2808

した。また、開発部門の中では、ソフトの詳細設計仕様書の改善効果も高いことが分かった。原因を調べてみると、ソフトのドキュメントは全社的に公開されておらず、ソフト開発部門の内部管理であった。その割に他部門からの参照頻度が高いことが考えられた。

このようにドキュメント統合管理の効果の定量化は比較的取り組みやすいテーマである。定量データを企画書に取り込み、システム投資承認やユーザ部門の業務・意識改革につなげることが有効であろう。

ドキュメントに
適切なアクセス権を設定する (1)

ドキュメントの統合管理により検索・入手のための時間を短縮できるが、
共有範囲の適切な制御の必要性は高まる。
ここではフォルダによるアクセス制御方式について理解を深めよう。

11 (p34) でドキュメントに対する全社的なアクセスルールの整合が必要
である説明をした。ドキュメントが統合管理されていても、すべてのドキュ
メントを全部門から参照していいわけではなく、部門や役割に対する適切な
アクセス制御をしないと、機密情報の流出や不確定情報の参照などによる混
乱を招く可能性がある。

部門ファイルサーバによるアクセス制御

通常、部門ファイルサーバによる運用の場合は、まず部門ファイルサーバ
に入る (ログインする) というゲートがある。部外のサーバで管理されてい
る情報には基本的にアクセスすることができないので、それで情報が守られ
てきたのだ。

総合管理する PLM システムの場合には、その垣根がない。アクセス制御
されていなければ、ログインしてしまえば、誰でも情報参照が可能だ。よっ
て、その垣根をどのように作るかということが課題になる。

フォルダによるアクセス制御

PLM システムにおけるアクセス制御には、大きく 2 つの方式がある。本
項では 1 番目のフォルダを用いた方式を紹介する。

図表14は、フォルダによるアクセス制御の例である。この例では、会社
全体のアクセス制御を大きく、3 レベルで設定している。ちなみに、フォル
ダのことを、PLM ソフトウェアによっては Vault (ヴォルト) と呼ぶことが

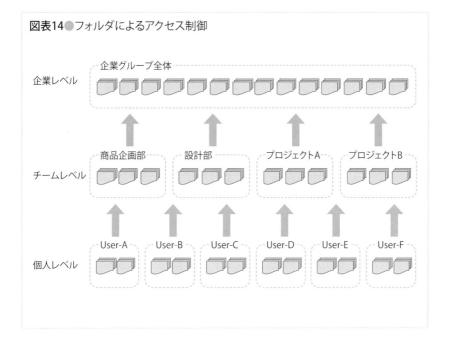

図表14●フォルダによるアクセス制御

企業レベル　企業グループ全体

チームレベル　商品企画部　設計部　プロジェクトA　プロジェクトB

個人レベル　User-A　User-B　User-C　User-D　User-E　User-F

ある。

　図に話を戻そう。一番下の層は、個人でしかアクセスできず、ここにあるドキュメントは、同じ部門やプロジェクトであっても、参照されない領域である。

　真ん中の層は、チームレベルである。ここは業務をチームで遂行する単位でアクセス権を設定している。たとえば、部門やプロジェクトチームである。これによって、個人だけがアクセスできた情報をチームレベルに格上げすることができる。

　一番上の層は、企業レベルである。子会社を複数有するグループ企業を想定しているが、このレベルに移管すると、子会社である生産子会社や海外現地法人からも参照が可能になる。

　このアクセス制御の考え方は、フォルダ単位にアクセス権をかけることで、ドキュメントを開示する範囲、開示しない範囲を制御し、情報流出を防止するのである。従来のWindowsのフォルダの概念に近いので、部門別ファイルサーバから移行しやすい考え方であろう。

15

初級
中級 DX
上級

ドキュメントに
適切なアクセス権を設定する (2)

ドキュメントに対するアクセス制御は、円滑な業務遂行や情報流出防止に重要だ。
ここでは第2のアクセス制御の方式として、
ドキュメントカテゴリを用いた方法について理解を深めよう。

　ここでは、2番目のアクセス制御方式を説明する。それはドキュメントカ
テゴリに対して、アクセス権を設定する方法である。

■■ ドキュメント一覧の作成

　図表15-1はPLMで管理するドキュメントの一覧表の一部である。これは
アクセス制御方式によらず、ドキュメント統合管理を検討する際に必ず必要
になる資料である。作成手順は以下である。

1. 各部門の代表者が自部門で運用しているドキュメントを洗い出す。
2. PLMシステムで統合管理・部門横断で共有すべきドキュメントを選別
   し、カテゴリを設定する。
3. 現状の承認フローを確認し、複雑な場合は簡素化したあるべき承認フ
   ローを定義する。
4. 各文書名に対して、ドキュメントカテゴリを設定する。例えば、見積依
   頼書のカテゴリは"顧客契約"とする。カテゴリは、アクセス権設定を
   意識したグルーピングとする。

■■ ドキュメントカテゴリに対するアクセス制御

　ドキュメントカテゴリ別のアクセス制御であるが、その考え方について、
顧客要求仕様書の"顧客契約"というカテゴリを例にとって説明しよう。こ
こでカテゴリといっているのは、ドキュメントの名称レベルではなく、それ
らを集約した上位概念のことである。このドキュメントのカテゴリ（顧客契

図表15-1●ドキュメント一覧

文書名	文書番号	カテゴリ	オーナ	作成	承認1	承認2
見積依頼書	接頭文字	顧客契約	営業	作成者	営業M	営業B
顧客デザイン図	RFQ	顧客契約	営業	作成者	営業M	－
顧客要求仕様書	CUSDSG	顧客契約	営業	作成者	営業M	－
商品企画書	CUSSPC	商品企画	企画	作成者	企画M	企画B
構想仕様書	PDPLAN	設計仕様	設計	作成者	設計M	設計B
設計仕様書	CPTSPC	設計仕様	設計	作成者	設計M	設計B
納入仕様図	DSGSPC	顧客契約	設計	作成者	設計M	－
・・・	DSPC					

図表15-2●ドキュメントカテゴリ（顧客契約）のアクセス権定義表

組織	部門	作業中	承認中	正式
北米現法	営業	RW	RWA	R
北米現法	＊	－	－	R
日本本社	設計	－	－	R

約）のアクセス権定義表を**図表15-2**のように作成した。

　この表の左から1列目はアクセス可能組織であり、北米現法と日本本社である。2列目はアクセス可能部門であり、＊は全部門である。ちなみに、3列目から5列目はドキュメントのライフサイクル別のアクセス権を意味する。Rは参照、Wは更新、Aは承認可能という意味だ。RWAであれば、それら3つの権限をもつ。

　つまりこの表では、ライフサイクルが作業中・承認中の状態だと、北米現法の営業だけがアクセスできる。ライフサイクルが正式になると、北米現法の全部門、日本本社の設計が参照可能になることを示している。

　ここまで前項に引き続き、アクセスルールの制御方式を2つ解説した。前者はフォルダ単位でわかりやすい、後者はドキュメントカテゴリ単位のきめ細かい制御ができるという特長がある。自社がどの方式が適合しやすいか比較して、決定していただきたい。

コラム2：合宿のスケジュール

合宿地は、会社とは離れた研修所がベターである。参加者が討議に集中するために、実務の現場に呼び出されない、電話がかかってこない環境にすることが重要である。

下図はスケジュールの例である。2日間の宿泊形式であり、初日は金曜日の午後からの開始としている。これは、実務メンバーの予定を考慮したもので、金曜日の午前まで部門業務に従事し、午後から合宿に参加という形にしている。

初日の午後に合宿会場に全員集合し、ITベンダーから先進事例の紹介を受ける。実務メンバーにとっては、業務改革の原動力となるITの最新情報を、翌日の改革方針に関する議論

のためにインプットされる場である。夜は懇親会で、社内メンバーや外部支援者を含めて交流し、ざっくばらんに話し合える雰囲気をつくる。

2日目は、改革コンセプト ⇒ 業務変革の価値 ⇒ プロジェクト計画の順に討議を進める。ファシリテータは企画推進者と外部支援者である。検討チームと評価チームに分かれ、検討チームは内容を検討し、資料を作成して発表する。評価チームは評価指標を作成し、発表に対して評価を行い、検討案の改善を促す。

最後にラップアップを行い、参加者全員が参加した感想を表明する。企画推進者にとっては、この後のプロジェクト開始に向けた動機付けができていれば成功である。

［コラム3（p62）に続く］

図表 ●プロジェクト立上合宿：スケジュール

日数	時間帯	アジェンダ	実施内容
1日目	13:00〜16:00	集合 先進事例の紹介	プロジェクトメンバーや管理職が集合し、ベンダーから最新のITソリューションや事例に関する情報提供を受ける
	16:00〜17:00	オリエンテーション テーマ別チーム分け	明日の進め方について事務局から説明する
	18:00〜20:00	懇親会	夕食をとりながら、会社の将来について語り合う
2日目	9:00〜10:00	1-1)改革コンセプト作成	チーム別に改革コンセプト案を作成する
	10:00〜11:00	1-2)改革コンセプト評価	評価チームは、改革コンセプトに対する評価を行う
	11:00〜12:00	2-1)業務変革の価値の作成	チーム別に、改革コンセプトに基づいた業務のビフォーアフターを図解し、変化の価値を明確化する
	12:00〜13:00	昼食	休憩時間に作業をしてもよい
	13:00〜14:00	2-2)業務変革の価値の評価	評価チームは、業務変革の価値に対する評価を行う
	14:00〜15:00	3-1)プロジェクト計画の作成	チーム別に業務変革の計画（体制、スケジュール、目標など）を立案する
	15:00〜16:00	3-2)プロジェクト計画の評価	評価チームは、プロジェクト計画に対して評価する
	16:00〜17:00	ラップアップ 解散	合宿オーナは講評を行う 参加者は感想を表明する

第3章

BOMのグランドデザイン

本章では、目的別BOMとして、

E-BOM、M-BOM、S-BOM、BOPについて解説する。

最初に各BOMの特長や違い、シングルBOMの弊害について確認した後で、

それらをどのようにレイアウトし、連携するべきかについて

理解を深めることをねらいとしている。

なぜBOMは必要か

BOMは、開発・設計、生産、保守など多くの業務領域で用いられる。
それらは、E-BOM、M-BOM、S-BOMと呼ばれるが、
それぞれの目的について理解を深めよう。

　大企業であっても、図面主体で設計・生産していて、BOMをうまく活用
できていないことが多い。たとえば、設計部門から出力されるBOMにはす
べての部品が網羅されておらず、調達部門は図面を読み取って手配する全部
品を抽出する必要がある、BOMに生産工程が表現されていないので、生産
技術部門は、図面を読み取って工程を追加するなどである。

　各業務プロセスにおけるBOMの本来の目的、利用方法を、**図表16**にまと
めたので、以下の解説と合わせて参照いただきたい。

■ 開発・設計

　このプロセスで作成されるものは、E-BOMである。開発・設計での目的は、
後工程に設計の意図を伝達することはもちろんであるが、開発・設計の品質
を高める、コストを低減する、設計リードタイムを短縮することも挙げられ
る。

　たとえば、E-BOMをチームメンバーで共有して、チーム設計やコンカレ
ントエンジニアリングを実現する、E-BOMにコスト目標や現時点の見積価
格を記入して、目標との乖離を把握することで原価企画に役立てる、既存の
ASSYや部品を流用して、新規部品点数を削減する、などである。

■ 生産

　生産で利用されるのは、M-BOMである。生産用のマスターとして、生産
計画立案や調達計画立案、製造指示などに利用される。

図表16●業務プロセス別のBOMの目的

業務プロセス	目的	
開発・設計	開発検討、チーム設計、コンカレントエンジニアリング 部品種類数削減 製品コード、部品コード採番 製品機能・構成管理 履歴管理 原価企画（部品別目標原価設定）	など
生産	工程情報管理 調達・在庫管理用中間品目設定 内外作設定 所要量計算 製品別原価計算 生産計画立案 調達計画立案 製造指示	など
保守・サービス	サービスパーツ（品番）の特定 出荷構成の管理 保守履歴の管理	など

それ以外の用途としては、内外作設定が挙げられる。たとえば、部品を調達して組み立てるというASSY工程があり、この工程を外部委託し、さらに部品の調達も合わせて委託する場合に、自社で部品調達をする必要がなくなる。この場合、自社調達しない部品については、M-BOM上からは削除する処理を施す。

■ 保守

保守やサービスの現場で使用されるものは、S-BOMと呼ばれる。個別受注生産品では、出荷号機ごとに構成がユニークになっていて、サービスマンが出荷先で保守のために部品を交換した際に、社内で管理しているS-BOMをメンテナンスするのである。

また、量産品では、サービス用部品やASSYを管理できるようにする。保守においては、末端部品を交換するだけでなく、ASSY単位で交換することも多い。E-BOMをベースにして、S-BOMを構成し、サービスパーツリストとして出荷可能な部品やASSYを管理するのである。

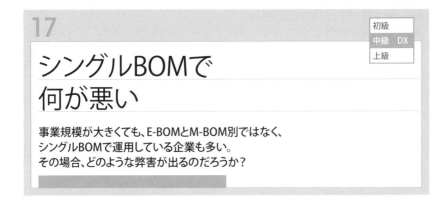

シングルBOMで
何が悪い

事業規模が大きくても、E-BOMとM-BOM別ではなく、
シングルBOMで運用している企業も多い。
その場合、どのような弊害が出るのだろうか？

　わが社にはBOMは1つしかない、本来BOMは1つであるべきでは？ こ
れはシングルBOMを運用されている企業の情報システム部門からよく出る
意見である。ここでは頻繁に議論になる、E-BOMとM-BOMに絞って考察
してみたい。

E-BOMとM-BOMの特長と違い

　図表17-1は、BOMに関連する属性情報まで含めた広義の概念で、それらの
特長を表現したイメージである。図中の○は品目（ASSYや部品）、それに付
随する英数字は品番とリビジョンを示す。E-BOMは、設計部門が定義する構
成で、関連情報として図面や3Dモデルを含めた技術ドキュメントを管理する。
　一方、M-BOMは、E-BOMをベースとして作成されるが、購買部門や生
産技術部門が定義する構成である。購買部門は主に、部品の手配に関する情
報（調達LTや発注先、取引価格など）を定義する。生産技術部門は生産工
程に関する情報（生産工程、製造LT、標準工数など）を定義する。
　図表17-2は、E-BOMとM-BOMの違いをまとめたものである。前述
した情報とほぼ同じであるが、強調すべきは管理部門が別であること
だ。E-BOMは、設計部門が責任をもって完成させ、メンテナンスする。
M-BOMは工場の複数部門にまたがるが、工場が責任をもって管理する。

シングルBOMの問題点

　シングルBOMで運用する場合に想定される問題点を整理した。

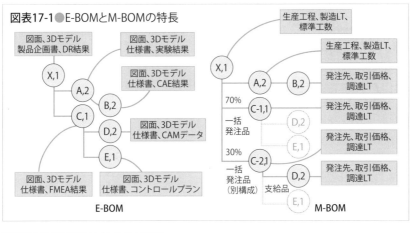

図表17-1 ● E-BOMとM-BOMの特長

E-BOM

- 図面、3Dモデル 製品企画書、DR結果 → X,1
- 図面、3Dモデル 仕様書、実験結果 → A,2
- 図面、3Dモデル 仕様書、CAE結果 → B,2
- 図面、3Dモデル 仕様書、CAMデータ → D,2
- 図面、3Dモデル 仕様書、FMEA結果 → E,1
- 図面、3Dモデル 仕様書、コントロールプラン

M-BOM

- 生産工程、製造LT、標準工数 → X,1
- 生産工程、製造LT、標準工数 → A,2
- 発注先、取引価格、調達LT → B,2
- 発注先、取引価格、調達LT → C-1,1（70%、一括発注品）
- 発注先、取引価格、調達LT → C-2,1（30%、一括発注品（別構成）支給品）
- 発注先、取引価格、調達LT → D,2

図表17-2 ● E-BOMとM-BOMの違い

比較観点	E-BOM	M-BOM
管理部門	開発、設計	生産管理、生産技術、購買
管理システム	PLM	ERP、生産管理システム
表現する構成	技術的な観点の製品構成	実際に生産するための製品構成
付随情報、属性	図面、3Dモデル、仕様書、実験結果など技術検討資料	製造LT、調達LT、サプライヤー、生産ライン、有効日、取引価格など生産、調達に必要な情報

　1番目は、組織の問題である。複数部門が1つのBOMに向かってメンテナンスすることになるので、混乱が生じる可能性がある。仮に、製品構成をよく知る設計部門だけが更新、管理する責任を持つと、工場都合で発生した変更（生産工程の変更、調達のための中間品の設定など）を設計部門が対応することになるので、設計部門が本来業務ではない業務に時間を取られる。また、設計部門と工場が海外を含めた別の場所にある場合には、BOM管理の役割責任や変更プロセスを明確化しておかないと、間違いが生じるリスクがある。

　2番目はタイミングの表現が難しくなることだ。設計部門は設計変更を行うために、常に最新の状態でBOMを管理したい。しかし、工場側は生産のためのマスター情報なので、日付別の生産構成を設定したい。設計変更のタイミングや在庫を考慮した部品の切替えのタイミングがどうしても合わない。

　このようなことから、現代の複雑化した製造業では、E-BOMとM-BOMを分けて管理することは現実的な解であるといえよう。

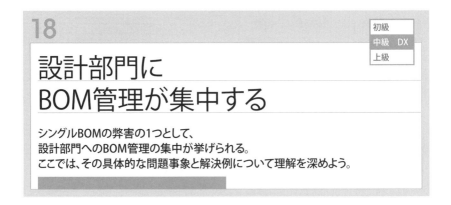

18

設計部門に
BOM管理が集中する

シングルBOMの弊害の1つとして、
設計部門へのBOM管理の集中が挙げられる。
ここでは、その具体的な問題事象と解決例について理解を深めよう。

　ここでは17（p48）のシングルBOMにおいて、設計部門にBOM管理が集中して、本来の設計業務以外の更新処理をしなければいけない問題の具体事例を解説する。多くの企業がこの問題を抱えており、BOMの再構築やそのあり方を見直すきっかけとなっている。

設計部門がシングルBOMをメンテナンスする

　図表18-1は、生産技術部門における工程追加を、設計部門が設計変更として処理していた事例を示す。設計部門から左のBOMをリリースした。それに対して、生産技術部門はASSY工程を追加し、そのポイントで在庫管理を図ることを考えた。

　この事例企業ではシングルBOMで運用されていて、BOMの変更はすべて設計部門が担当するルールになっていた。故に設計部門は、生産技術部門から設計変更依頼を受けて、設計変更として処理していたのだ。この積み重ねが、設計部門の業務負荷を高くし、不満を発生させていた。

目的別BOMで、部門の役割分担を適正化する

　図表18-2は、事例企業で検討した目的別BOM（E-BOMとM-BOM）である。設計部門と工場の役割を分けた解決策が含まれている。

　設計部門からはE-BOMをリリースする。それを受けて、工場（生産管理部門）はM-BOMを生成する。この時点ではE-BOMと同じ構成である。そこから、工場側のM-BOM編集作業が開始される。

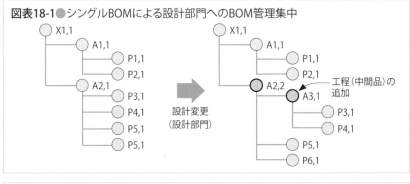

図表18-1●シングルBOMによる設計部門へのBOM管理集中

設計変更
（設計部門）

工程（中間品）の
追加

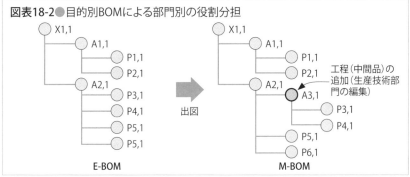

図表18-2●目的別BOMによる部門別の役割分担

出図

工程（中間品）の
追加（生産技術部
門の編集）

E-BOM　　　　　　　　　　M-BOM

　生産技術部門は、製造上の組立工程を追加し、そのポイントで在庫管理を実施する。具体的にはASSYとしてのA2,1の下にサブASSYであるA3,1を追加し、P3,1とP4,1をその構成部品とした。

　この事例で注意すべきは、M-BOMの構成編集において、E-BOMから継承した品目のリビジョンを変更しないルールとしたことだ。図表18-1の場合は設計変更だったので、ASSYであるA2,1はリビジョンアップしてA2,2になったが、図表18-2のM-BOMではリビジョンアップしていない。購買部門がE-BOMで定義されていない中間品用のサブASSYとして、組み立てた状態で納品してもらう場合も、設計変更ではなく、M-BOMの編集として対応することができる（もっとも検収用の図面が必要な場合には、設計部門に図面だけの作成を依頼することもある）。

　このように目的別BOMには、運用ルールの整合を図ったうえで、各部門の責任を分散化し、業務に集中させる効果がある。

19

初級
中級　D2
上級

BOMでどのような情報を
管理すればよいか？

E-BOMとM-BOMでは管理する情報が異なる。
E-BOM品目では技術的な情報、M-BOMでは生産管理に必要な情報を管理する。
ここでは具体的な情報レイアウト例について理解を深めよう。

■■ E-BOMの管理情報：

図表19-1は、E-BOMの管理情報とそのレイアウト例である。

構成は、親品目のキーと子品目のキー、および員数を情報として持つ。キーは通常は部品番号（本書ではリビジョンを除いたものを以下、品番と呼ぶ）であるが、リビジョンがキーに含まれるかどうかにより、Loose Structure、Tight Structureという2種類のBOMの履歴管理方式が可能になる。この概念は非常に重要なので、第4章の"設計におけるBOM"で解説する。

次に品目だが、**図表19-1**のように品名、品番、REV（リビジョン）、技術情報（スペック情報）などを管理する。スペック情報がここにあると、流用設計したいときなど、過去部品を検索する際に便利である。

■■ M-BOMの管理情報

次にM-BOMである。**図表19-2**をご覧いただきたい。

構成については、E-BOMとほぼ同じであるが、構成の有効日が追加されている。構成の有効日というのは、その構成内で有効な部品の適用期間のことである。日付の条件を指定して構成展開すると、有効日の期間内にある構成部品だけが展開される。これは、設計変更を適用する日を工場側でコントロールするときに役に立つ。たとえば、E-BOM側で設計変更が承認されて、M-BOMにその情報が反映されたとしても、すぐにはM-BOM上では展開されないように、有効日を使って、実際の適用日をコントロールできる。

また、品目では、E-BOMの基本情報や技術情報を継承する。品目に対す

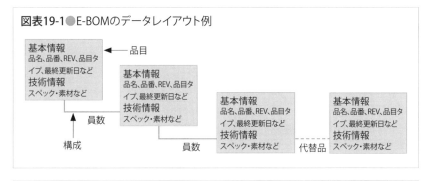

図表19-1●E-BOMのデータレイアウト例

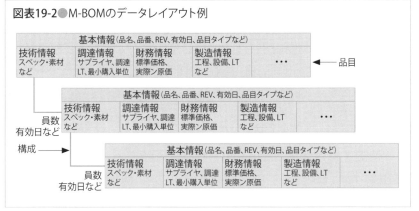

図表19-2●M-BOMのデータレイアウト例

る有効日はここにも存在する。使い方は構成の有効日同様だが、品目情報なので全品目に影響を与える。さらに、調達情報や財務情報（つまり部品コスト情報）、製造情報（LTや設備など）などの情報を格納することもできる。

■ PLMからERPへのBOM情報の転送

M-BOMの品目で設定する情報量は多い。よって、E-BOMの承認前に、部品番号が決定した時点で、生産管理システムまたはERP※1上で工場の各部門が品目情報（購買や製造に関する情報）を先行で入力開始する企業もある。この考え方は、M-BOMの品目定義と、構成承認を非同期化し、生産準備のリードタイムを短縮することをねらったものだ。

＊1 ERPはEnterprise Resource Planningの略で、企業資源計画と訳される。基幹業務システムのことを指す場合が多い。

E-BOMとM-BOMの構成が
大きく異なる

目的別BOMといっても、設計と生産が双方を意識しないでBOMを作成すると、
変更伝達がうまくいかない場合がある。
目的別BOMを運用するにあたっての留意事項について理解を深めよう。

　設計部門は製品の機能のことを考えてE-BOMを作成する。工場は生産工程を考えてM-BOMを作成する。目的別BOMの考え方はこのようであるが、両者が独自の考えでBOMを作成した場合、どのような問題が発生するのだろうか？

■■■ 生産工程を考慮しないE-BOM

　図表20-1をご覧いただきたい。ある電気メーカで遭遇した事例である。設計部門は生産工程を考慮せず、設計の機能視点でE-BOMを作成していた。E-BOM上のASSYは、顧客に納品する機能仕様書の単位で作成されている。

　それに対して工場側のヒアリングを実施したところ、E-BOMで作成されたASSYが製造工程と異なるので、役に立っていないとのことだった。**図表20-1**のM-BOMは実際には架空のものであり、ヒアリング中に、生産工程から考えると、本来このようなM-BOMになっているはずだという話から作成したものである。たとえば、E-BOM上のP3,1という部品はA1,1の下に構成されているが、M-BOM上はA3,1の下に構成されている。生産工程に必要な部品を収集する観点では、E-BOMはそのままでは活用できないということである。

　ちなみに部品を手配するためのP-BOM（調達BOM、Purchase BOMの略）は、E-BOMからシステム的に抽出し、ERP上に作成されていた。

　この企業はE-BOMとM-BOMのシステム的な自動連携ができないかと考えていたようだが、そのロジックの組み込みは難易度が高かった。

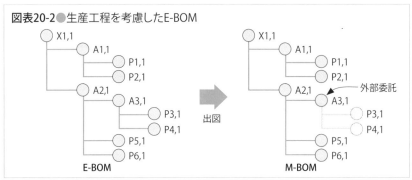

図表20-1●E-BOMとM-BOMの構成が異なる例

E-BOM

X1,1
A1,1
P1,1
P2,1
P3,1
A2,1
P4,1
P5,1
P6,1

M-BOM

X1,1
A1-1,1
P1,1
P2,1
A2-1,1
A3,1
P3,1
P4,1
P5,1
P6,1

P-BOM（調達BOM）

X1,1
P1,1
P2,1
P3,1
P4,1
P5,1
P6,1

図表20-2●生産工程を考慮したE-BOM

E-BOM

X1,1
A1,1
P1,1
P2,1
A2,1
A3,1
P3,1
P4,1
P5,1
P6,1

出図

M-BOM

X1,1
A1,1
P1,1
P2,1
A2,1
外部委託
A3,1
P3,1
P4,1
P5,1
P6,1

■ 生産工程を考慮したE-BOM

　それでは本来E-BOMはどのように考えて作成すべきなのか。筆者は、設計部門も生産工程のことを考慮したE-BOMを作成すべきと考える。

　筆者は1990年代に製品設計に従事した経験があるが、当時はシリアル開発の考え方が強く、設計完了（工場への移管）後、生産準備が始まるプロセスであった。現在では、コンカレント・エンジニアリング（設計と生産準備が並行する方式）による製品開発リードタイムの短縮要求が強くなってきており、BOMの考え方も変化している。

　図表20-2は、設計部門が生産工程を意識して作成したE-BOMを示す。ASSYであるA3,1は、生産工程上の中間品であり、ASSY図も作成される。工場は、M-BOMで内外作設定や、設計部門が設定した代替部品（第5章"購買・製造におけるBOM"で後述する）中からの購買部品の選択などの本来業務に集中することができる。

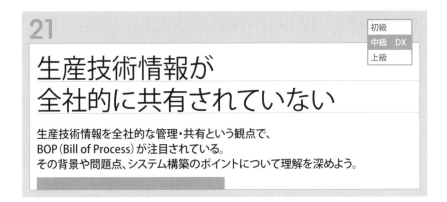

21

生産技術情報が
全社的に共有されていない

生産技術情報を全社的な管理・共有という観点で、
BOP（Bill of Process）が注目されている。
その背景や問題点、システム構築のポイントについて理解を深めよう。

　海外を含む複数の生産拠点にある生産技術情報の統合管理のニーズが高まっている。ここでは、その背景と問題点、対策について解説する。

▓▓ 生産技術情報管理の問題

　生産技術情報については、工場で検討された後、ローカル管理になっている企業がまだまだ多い。自動車メーカや自動車部品サプライヤでは、海外生産の増加に伴い、マザー工場で生産技術開発し、それを国内外の工場に展開する動きが活性化している。そのため、マザー工場と生産工場の両方で、生産技術情報を一元的に管理し、共同開発する動きが高まってきている。

　また、2015年前後に多発した自動車業界における大規模リコール問題も影響している。共通化された自動車部品が複数の車種に搭載され、そこに不具合があると大規模な品質問題を引き起こす現象である。そのため、この時期、自動車業界の多くの企業が問題を特定するために、トレーサビリティを強化する対策を取った。しかし、生産技術情報がローカル管理になっていると、問題の特定に時間がかかる原因になるのだ。

　このような経緯から、BOP（Bill Of Process、工程表）を中核とし、生産技術情報（工程図や製造仕様書、品質仕様書などのドキュメント）のデータベースをグローバルレベルで管理・運用しようという動きが加速している。2つのシステム構築方針があるので、**図表21**で解説する。

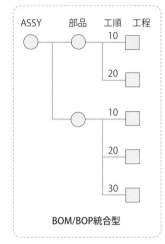
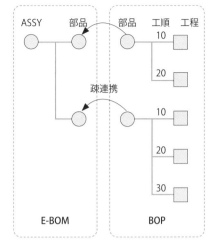

図表21●BOPの構築方法（統合型、分離型）

ASSY　部品　工順　工程
10
20
10
20
30
BOM/BOP統合型

ASSY　部品　部品　工順　工程
10
20
疎連携
10
20
30
E-BOM　　　　BOP

統合型のBOM/BOP

　1番目はBOM/BOP統合型である。PLMでE-BOMを管理することは一般的だが、その機能を拡張して、BOPまで管理するものである。

　部品点数が少ないプロセス系の多くの自動車部品メーカでは、PLMでBOMを管理する必要が高くなかったが、BOP構築をきっかけとしてBOMとBOPを管理するデータベースを構築する企業が増加中である。

分離型のBOM/BOP

　2番目の分離型のBOM/BOPでは、事前にPLMでE-BOMを管理していて、それに増設するのではなく、別のBOP専用のPLMシステムを立ち上げるという考え方である。これはPLMシステムをすでに構築済の企業で多いパターンであるが、生産技術部門がシステムオーナとなって独自のBOPシステムを構築し、PLMシステムとは疎結合で運用する考え方である。生産技術の特性に応じた管理方法や運用も可能である。

　まだまだ構築事例が多いとはいえないが、これから導入方式や効果についての議論が活発化していくことであろう。

22

梱包管理が
標準化されていない

多くの製品バリエーションを、仕向け地別に出荷するために、
梱包管理の重要性が高まっている。ここでは、梱包管理方式を2種類解説し、
その特長と業務・組織への適合性について理解を深めよう。

　PLMを構築する際に頻繁に課題として取り上げられるのが、梱包をどう管理するかである。製品のE-BOMをPLMで管理するのは当然であるが、梱包は何か付属品のように考えられていることが多い。製品と梱包では、設計のタイミングが別であることもあるし、梱包設計自体が外部委託されていることもあるからだ。

製品と梱包は別ASSYで管理

　図表22-1は1番目の管理方式を示す。PLMでは、製品ASSYのE-BOMと各仕向け別の梱包のE-BOMを、それぞれ別のE-BOMとして管理している。そして、ERPの中で、たとえば北米用のオーダが決定した時点で、そのオーダに必要な製品と梱包のBOMを組み合わせて手配する。この管理方式が適用しやすいのは、製品設計部門と梱包設計部門が別である場合だ。PLMではそれぞれ独立したE-BOMとして登録され、個別にERPに転送される。

　また、製品と梱包バリエーション（仕様違い、仕向け違い）が多い場合も、適合しやすい。すべての組合わせをE-BOMで作成する必要がなく、オーダが決まった時点で組合わせを生成すればよいからだ。ただし、それらの組合わせを確実に生成するための仕掛けが必要だ。マニュアルで間違いが発生しそうであれば、コンフィグレータ（BOMを仕様に合わせて生成するシステム）を利用することも考えられる。

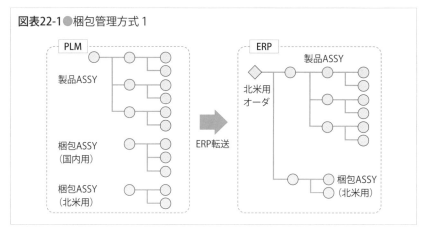

図表22-1●梱包管理方式1

PLM

製品ASSY

梱包ASSY
（国内用）

梱包ASSY
（北米用）

ERP転送

ERP

北米用
オーダ

製品ASSY

梱包ASSY
（北米用）

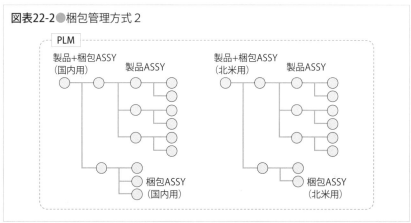

図表22-2●梱包管理方式2

PLM

製品+梱包ASSY
（国内用）　製品ASSY

梱包ASSY
（国内用）

製品+梱包ASSY
（北米用）　製品ASSY

梱包ASSY
（北米用）

■ 製品と梱包は1つのASSYで管理

　図表22-2は2番目の管理方式である。PLM上で、製品ASSYと梱包ASSY
を1つのE-BOMとしてまとめて作成している。

　この管理方式は、製品設計部門が梱包設計も担当する場合に適合しやすい。
製品本体と梱包の両方を同じ部署の設計者が担当するので、精度が高く、最
密重点的な梱包設計が期待できる。その反面、すべての仕様や仕向けのすべ
ての組み合わせのE-BOMを作成・メンテナンスする必要があるので、製品
レベルのE-BOMの数が増え、設計部門にとって負荷が高くなる懸念がある。

　このような特長を理解した上で、梱包管理方式を決定するのが妥当だ。

23

製品出荷後の構成が
把握できない

最近ではS-BOM（保守BOM）を管理する企業が増加している。
客先に出荷した製品構成を正確に把握できると、攻めの保守ができるからだ。
ここでは、出荷後の構成を表現するS-BOMについて理解を深めよう。

　保守、サービスで収益を上げる時代である。従来は、製品や装置を納入することが収益の柱で、サービスは実質無償化していたという話も聞くが、現在はサービス売上の比重が高くなっていた企業が多い。

　ここでは、出荷号機別の製番BOMと、出荷後の構成を表現するS-BOMについて解説する。

■ オーダ別の製番BOM

　生産設備のように、オーダごとに構成が異なる製品では、製番BOMで装置構成を管理することが多い。完全特注の装置であれば、最初から製番BOM（オーダ別に作成したBOM）を作成することになるが、多くの生産設備では標準BOMがあって、客先仕様に合わせて、オプションや特注部品を追加し、納入する装置構成（製番BOM）を完成する。

　図表23-1は、E-BOMを元に製番BOMを作成する状況を示す。左側がE-BOMで右側が製番BOMである。製番BOMでは、ASSYはオーダ別に品番＋リビジョン＋製番をキーとし、E-BOMを元にした独自構成を生成している。部品は標準品を使用するので品番＋リビジョンがキーのままである。たとえば、E-BOMのASSYであるA3,1は、製番BOMではキー追加した製番ASSYであるA3,1（製番X01）を生成し、その構成部品としてP4,3を追加している。

■ S-BOMへの移行とメンテナンス

　装置が出荷されたら、製番BOMはS-BOMとし、管理部門を保守部門に

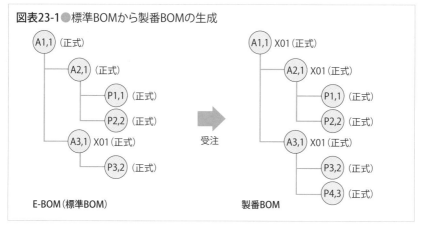

図表23-1 ●標準BOMから製番BOMの生成

E-BOM（標準BOM）　　　　　製番BOM

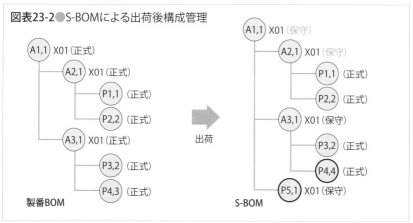

図表23-2 ● S-BOMによる出荷後構成管理

製番BOM　　　　　S-BOM

移管する。

　図表23-2の例では、保守部門は、部品P4,3を部品P4,4に交換し、部品P5,1をトップASSYに追加している。親のASSYはいずれも製番品番なのでE-BOMには影響しない。さらに、S-BOMなのでASSYのリビジョンは変更せずに、保守部門でも簡単に編集可能なルールとしている。

　E-BOMの場合には、設計変更時に、変更対象部品の親ASSYのリビジョンアップをするなどの考慮をして、E-BOMを更新する必要がある。しかし、S-BOMの場合には、納入現場を担当する保守部門が負荷なく入力が可能なように、より手軽にBOMをメンテナンスできる要件が必要だろう。

コラム3：合宿の体制と役割責任

合宿中の体制と役割責任についてである。合宿オーナは、経営幹部である。コラム1（p28）でも述べたとおり、経営幹部は合宿中、企画推進者の後ろ盾となる。事務局は企画推進者が担当する。事務的なことではあるが、参加者の招集や研修所などの手配を行い、合宿をスムーズに遂行することに尽力する。コンサルタントとITソリューションベンダーは外部支援者である。初日の先進事例紹介や、2日目の検討のファシリテーションを行う。

検討チームは、実務メンバーで構成され、合宿では改革コンセプトなどを作成する役割である。参加人数にもよるが、4チーム、各チーム4人程度が多すぎず、少なすぎずで妥当であろう。

図は4つのテーマとその検討体制を示す。企画推進者が考案した改革コンセプトの素案をもとに重なりのないテーマ設定がされるとよい。この例は、技術情報管理、原価企画、プロジェクト管理、開発リードタイムの短縮であり、それぞれ独立して検討できる設定とした。

［コラム4（p92）に続く］

図表●プロジェクト立上合宿：体制と役割

設計におけるBOM

設計におけるBOM、いわゆるE-BOMは、

製品開発における技術情報管理のベースとなるものだ。

しかし、E-BOMの構築や活用については、

部品の属性や関連するドキュメントの管理、製品のナレッジを管理する枠組み、

原価企画の実現、E-BOMの履歴管理と変更管理、バリエーション管理手法など、

知っておくべき知識が多い。

本章では、これらについて学習を進めていこう。

24

部品管理の
基本概念 (1)

本章ではE-BOM（設計BOM）について解説を進めるが、
最初にその構成要素である部品管理について、理解を深めていこう。

　第4章では設計におけるBOMに絞って解説していきたい。BOMの前にその構成要素である部品管理の基本を押さえておく必要がある。

　まずはPLM上の部品管理のデータモデルである。本来、部品についてだけでもいいと思うが、運用のことを考え、ドキュメントや図面、3Dへの関連性を含めた基本概念を確認しておきたい。

■■　部品の属性管理

　図表24はPLMにおける部品管理のデータモデルである。左側の丸いシンボルが部品だ。部品情報を定義・管理するので、部品管理アイテムと呼んでいる。ここに部品の属性情報が格納されている。

　属性は、部品の種類（アセンブリ／部品）や、部品のカテゴリ（コンデンサ、抵抗、機構部品、ねじ、梱包など）を示す。名称や品番も属性である。また、重要な概念として、リビジョンやバージョン[1]がある。リビジョンは通常、正式リリースされるごとにカウントアップされる。バージョンは、それには限らず、チェックアウト（1つ前のバージョンを保持したまま、新しいバージョンを作成する処理）するごとに作成される。部品の属性はこのような情報を管理する。

■■　部品の関連ドキュメント

　その右側にはリレーションを介して、2つのドキュメントが関係付けられている。部品には複数のドキュメントを関係付けることができ、ドキュメン

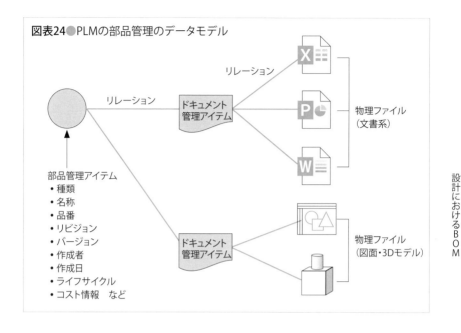

図表24●PLMの部品管理のデータモデル

リレーション

リレーション

ドキュメント
管理アイテム

物理ファイル
（文書系）

部品管理アイテム
• 種類
• 名称
• 品番
• リビジョン
• バージョン
• 作成者
• 作成日
• ライフサイクル
• コスト情報　など

ドキュメント
管理アイテム

物理ファイル
（図面・3Dモデル）

ト数に制限はない。この図では文書系のドキュメント、図面や3Dモデル系のドキュメントをそれぞれ括って関係付けている。

　図面や3Dモデル系のドキュメントに関連付けられた物理ファイルは、CADで作成されたものである。PLMは、そのネイティブデータを格納することもあるが、多くの場合はビューイングデータを管理する。図面であれば、PDFやTIFF形式である。CADを自分の端末にインストールしているCADユーザは、ネイティブデータであっても開くことができるが、そうでないユーザは、参照できない。したがって、ユーザが参照可能なフォーマットのファイルを関連付けて格納することが一般的になっている。

　また、3DCADやCAEで作成された解析結果はデータサイズが非常に大きい。したがって、PLMのファイルサーバに格納するのではなく、部品やドキュメントの属性にリンク（URLなど、それをクリックすることでCADが起動するパス）を設定する方式が採用されることが多い。これには、二重管理を防止する意味もある。

　25（p66）では、部品管理の基本について、さらに追加情報を解説する。

*1 バージョンを使用せず、リビジョンのみのPLMソフトウェアもある。

部品管理の
基本概念 (2)

部品の履歴管理において、リビジョンとライフサイクルという概念が重要だ。
また、部品分類には上位の部品の属性を下位の部品分類が継承する特長がある。
ここではこれらについて解説する。

■■■ 部品の履歴管理

　ドキュメント管理においては、履歴を表す情報はバージョンだけであったが、部品管理ではこれに加えて、リビジョンの概念がある。

　図表25-1の左図は、リビジョンとバージョンの関係を示す。リビジョンとは、バージョンの中でも、正式リリースされたものに対して付与される情報である。PLMシステム上で、部品を検索する際には、品番とリビジョンを使用することが多い。この2つの情報は部品を特定するキーである。

　バージョンの使い方は運用によって様々である。PLMソフトウェアの機能的には、部品のバージョンアップというのは、チェックアウトする際に、1つ繰り上げたバージョンのアイテムを作成することだ。

　運用上は、正式化した部品を改版する際にためにチェックアウトし、新規バージョンを作成する場合もある。また、正式リリースするために承認を依頼するが、否認されて設計者に戻ってきた後、否認されたバージョンを残すために、チェックアウトして新規バージョンを作成してから、修正を始めるといった運用も考えられる。

　このように部品の履歴管理を柔軟化するために、リビジョンとバージョンの2段構えの運用はたいへん便利である。さらに運用を単純化したい場合には、リビジョンしか使用しない、という考え方もありだ。

　図表25-1の右図はライフサイクルのイメージ図である。これはドキュメントのライフサイクルと似ているが、部品には生産終了という概念がある。部品を永久に利用できればいいのだが、サプライヤ都合の生産中止や、自社都

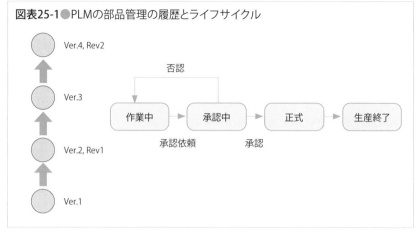

図表25-1●PLMの部品管理の履歴とライフサイクル

Ver.4, Rev2

Ver.3

Ver.2, Rev1

Ver.1

否認

作業中　　承認中　　正式　　生産終了

承認依頼　　承認

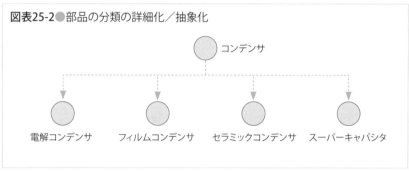

図表25-2●部品の分類の詳細化／抽象化

コンデンサ

電解コンデンサ　フィルムコンデンサ　セラミックコンデンサ　スーパーキャパシタ

合で部品を廃番にすることもあり、必要な概念である。

■ 部品分類の詳細化と抽象化

　PLMの部品管理には、上位の部品の属性を下位の部品が継承するという考え方がある。**図表25-2**は属性の継承の例だ。ここでは、コンデンサという上位カテゴリを継承し、下位の4種類のサブカテゴリを定義している。上位カテゴリではコンデンサの共通属性（静電容量などのスペック属性）を管理し、サブカテゴリではそれぞれの固有の属性を管理する。たとえば、電解コンデンサだけが持つスペック属性を管理することができる。

　これには、サブカテゴリの部品特有の属性を使って登録や検索を行う際の利便性を向上する効果がある。

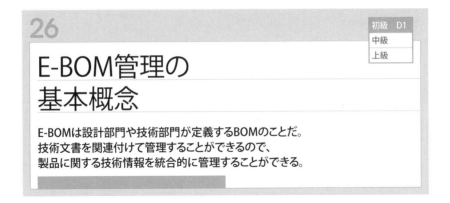

26

E-BOM管理の
基本概念

E-BOMは設計部門や技術部門が定義するBOMのことだ。
技術文書を関連付けて管理することができるので、
製品に関する技術情報を統合的に管理することができる。

　部品管理の確認を終えたところで、E-BOMの基本概念に入っていきたい。
BOMとはBill of Materialsの略で、日本語だと材料表と訳される。つまり、
製品を構成する部品を材料の一覧のことである。

E-BOM

　BOMと一種であるE-BOMはEngineering BOMの略で、設計BOM、技
術BOMと呼ばれることもある。E-BOMは、設計部門が管理し、**図表26**の
ように、仕様書などの技術ドキュメントや図面、3Dモデルを関連付けるこ
とができる。

M-BOM

　M-BOMとはManufacturing BOMの略であり、生産BOMや製造BOM
と呼ばれることもある。生産のためのマスターであり、生産を意識した構成
になっている。

　E-BOMは常に最新リビジョンの部品と技術情報で構成されるのに対し、
M-BOMは、生産計画立案のためのリードタイム、購買のための価格情報、
品質管理や在庫管理のための中間品、生産日付別の部品リビジョンや構成を
特定するための有効日の指示などを追加して完成する。

構成リレーション

　部品に関する情報を管理するものは品目であるが、それに対し、品目同士

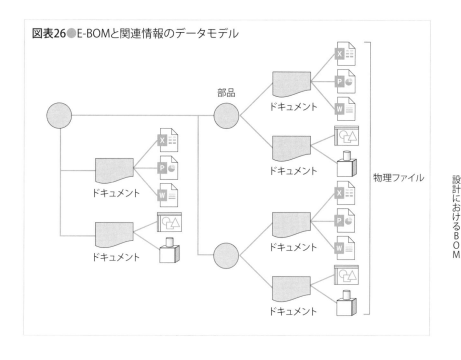

図表26●E-BOMと関連情報のデータモデル

部品

ドキュメント

ドキュメント

ドキュメント

ドキュメント

ドキュメント

ドキュメント

物理ファイル

を関係付けるリレーションのことを構成と呼ぶ。狭義では、構成のことを BOMと呼ぶ場合もあるが、広義では、品目と構成を合わせてBOMと呼ぶ こともある。どちらを指しているかは、言葉の定義として事前に確認すると よい。

E-BOMの場合、品目間に構成が設定されると、**図表26**の状態になり、製 品や部品に関連する技術情報がリレーションで関係づけられて、検索性が非 常に良い状態になる。たとえば、製品を検索すると、構成部品をリレーショ ンで検索することができ、さらにその部品の属性情報や技術ドキュメントや 図面などを一網打尽に取得することが可能になるのだ。

■ 構成展開

さらに、BOMを使用すると正展開と逆展開が可能になる。正展開は、親 から子のASSYや部品を上から順に検索することだ。逆展開はその逆で、部 品を使用するASSYや製品を上位に遡って検索することだ。共通部品の変更 前の影響分析に利用することができる。

初級	
中級	DX
上級	

ナレッジが
伝承できない

技術的なナレッジやノウハウが、熟練者の頭の中、図面や仕様書の中に
書かれていて、技術伝承や他部門への伝達が難しいという話をよく聞く。
ここではPLMを活用したナレッジ管理について理解を深めよう。

PLMによるナレッジ管理の基本

　PLMでのナレッジ管理は、E-BOMを軸にして行うと体系化しやすい。
PLMでは、**図表27-1**のように、ナレッジをドキュメントとして表出化し、
E-BOMを構成するASSYや部品に関連付けて管理する。

　たとえば、ASSYであるA,2には、設計部門が作成した部組図や3Dモデル
が管理され、さらに工場の製造品検査で作成された品質記録も関連付けられ
ている。

　また、部品であるB,2には、設計部門が作成した部品図だけでなく、購買部
門が作成した購入仕様書、試作部門が作成した試験結果が関連付けられている。

　ASSYや部品に関連するすべてのドキュメントが統合管理されていると、
製品やASSYの品番さえわかれば、末端部品までの様々なナレッジを瞬時に
入手することができる。

プロセス系メーカのナレッジ管理

　組立系製品の場合には、BOMがデータベース化されていることが多いが、
食品や部品点数が少ない製品、加工工程が多い自動車部品などのプロセス系
メーカでは、BOMがデータベース化されていないことがある。ナレッジは、
図面や仕様書の中に文字情報として記載され、人が読み取って作業している
のである。

　そのような業種でも、BOMやBOP（Bill of Process、工程表のこと、**21**
（p56）参照）を活用し、PLM上でナレッジやドキュメントを関連付けて管

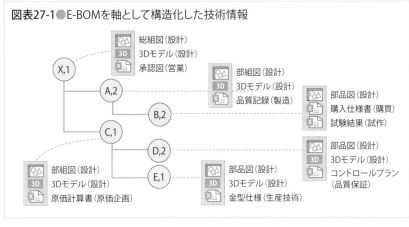

図表27-1●E-BOMを軸として構造化した技術情報

総組図（設計）
3Dモデル（設計）
承認図（営業）

X,1

A,2

部組図（設計）
3Dモデル（設計）
品質記録（製造）

B,2

部品図（設計）
購入仕様書（購買）
試験結果（試作）

C,1

D,2

部品図（設計）
3Dモデル（設計）
コントロールプラン（品質保証）

E,1

部組図（設計）
3Dモデル（設計）
原価計算書（原価企画）

部品図（設計）
3Dモデル（設計）
金型仕様（生産技術）

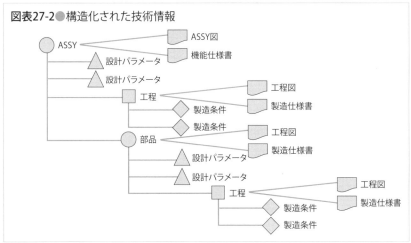

図表27-2●構造化された技術情報

ASSY
　ASSY図
　機能仕様書
設計パラメータ
設計パラメータ
工程
　工程図
　製造仕様書
製造条件
製造条件
部品
　工程図
　製造仕様書
設計パラメータ
設計パラメータ
工程
　工程図
　製造仕様書
製造条件
製造条件

理する動きが活性化している。

　図表27-2はプロセス系メーカの事例で、技術情報をBOMとBOPを中心に構造化したイメージ図である。BOMだけでなく、工程、設計パラメータ、製造パラメータがデータベース化されていることが特長である。これらは従来、機能仕様書や製造仕様書などのドキュメント中に記載されていたのだが、それらを属性値としてデータベース化し、検索性や抽出性を向上した。そして、それらの情報はMES（生産実行システム）などの生産システムにもデータ転送できるようにし、業務効率の改善に貢献している。

28

初級
中級
上級　DX

試作段階の技術情報管理や
コスト管理が不十分

設計段階でコストの8割が決定されると言われる。
しかし、出図前の検討は、担当者がローカル管理していることが多い。
この段階のコスト管理を組織的に管理するための方策を考察する。

■ 試作段階から、正式に品番を採番する

　試作用のBOMはエクセルで管理されることが多い。理由としては、部品が正式に採番されていないこと、まだ対象製品が正式に承認されるかどうか決まっていないこと、品番が使い捨てになる可能性があること、試作専用部品が存在すること、などが考えられる。

　この問題に対して理想的な方策を**図表28-1**に表現した。試作段階から量産品番を採番し、それを使ってE-BOMを作成する。試作部品であるかどうかは、PLM上で部品のライフサイクルで管理する。

　企業によっては、試作品番と量産品番の採番ルールを別にしていることもある。その場合には、試作品番と量産品番の間に関係性を定義する方法が考えられる。たとえば、PLM上で部品間の継承のリレーションを作成する、量産部品の属性に試作品番を設定し、試作品番時代のコスト情報をトレースする、などの対策が考えられる。

　いずれにしても、試作段階から組織的に原価企画プロセスやコスト目標達成度を評価するためには、PLMで試作段階から試作用の品番を正式に採番し、E-BOMを管理することが大切なことだ。

■ 試作段階からのコスト管理

　PLMにおいて、コスト情報は、ASSYや部品の属性で管理する。原価企画プロセスでは、目標コスト、見積コスト、実績コストの3種類が必要だ。すでに量産部品として流れている部品については、ERPから実績コストを取

図表28-1 ● 試作段階からの構成管理

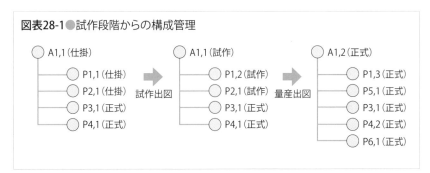

図表28-2 ● 試作段階からのコスト管理

試作設計段階					試作出図済					量産出図済				
BOM	ステータス	設計原価			BOM	ステータス	設計原価			BOM	ステータス	設計原価		
		目標	見積	量産			目標	見積	量産			目標	見積	量産
A1,1	仕掛	¥170			A1,1	試作		¥200		A1,2	正式			¥175
.P1,1	仕掛	¥100			.P1,2	試作		¥150		.P1,3	正式			¥130
.P2,1	仕掛	¥55			.P2,1	試作		¥55		.P5,1	正式			¥40
.P3,1	正式			¥100	.P3,1	正式			¥100	.P3,1	正式			¥100
.P4,1	正式			¥75	.P4,2	正式			¥75	.P4,2	正式			¥75
										.P6,1				¥40
合計		¥500					¥580					¥560		
乖離	目標原価¥500	¥0					¥80					¥60		

り込む。図面が作成されたら、サプライヤや社内のコスト見積部門から情報を入手し、見積コストとして手入力、または自動登録する。まだその段階に至らず、目標だけが存在する場合は、目標コストを登録する。

　精度は、実績コスト＞見積コスト＞目標コストの順なので、積算する際には、精度の高い情報を優先的に使う。

　図表28-2はPLMによる試作段階からのコスト管理の例を示す。この図では、PLM上で、仕掛の検討段階からE-BOMが管理されていて、部品レベルに分解された目標コストと実績コストが登録されている。試作出図がされると、新規部品については見積コストが属性に登録される。このようにすると、いつでも最新のコスト情報や目標との乖離を把握することができ、組織的により早く対策を打てるようになるというわけだ。

設計変更管理の
基本概念（1）

E-BOMは一度作成したら終わりではなく、
その後、設計変更を行い、改善を重ねる必要がある。
ここでは、ECOとECRの概念について理解を深めよう。

　ここからは、E-BOMの設計変更や履歴管理に的を絞って解説していきたい。設計変更管理は、PLMを導入以前の企業において設計変更票や設計変更通知という名称の帳票で運用されていることが多い。

　PLMでは、この帳票の代わりにECO（エンジニアリング・チェンジ・オーダ）と呼ばれる管理アイテムを使って、設計変更を管理する。

ECOのデータモデル

　ECOは、設計変更指示に必要な技術情報を束ねる管理アイテムである。

　図表29-1に示すように、ECOはPLMの管理アイテムであり、ECO番号や名称（設計変更の名称）、ECOの概要、作成者、ライフサイクルなどの属性情報（メタデータ）を管理する。

　しかし、ECOだけでは設計変更に関するすべての情報を表現できない。それに対しては、補足ドキュメントとして物理ファイルを関係付けることで解決する。たとえば、設計変更の背景や問題点に関する資料や、設計変更の検討資料などである。

　そして最終的に、ECOを設計変更対象のASSYや部品に関係付けるのである。ECOと設計変更対象を関連付けたモデルの詳細については、**30**（p76）でも補足する。

ECR/ECOのデータモデル

　ECR（エンジニアリング・チェンジ・リクエスト）は、設計変更"要求"に

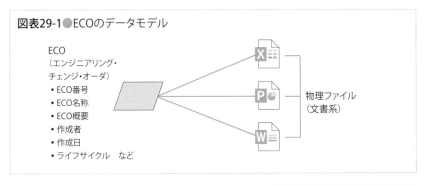

図表29-1●ECOのデータモデル

ECO
（エンジニアリング・チェンジ・オーダ）
- ECO番号
- ECO名称
- ECO概要
- 作成者
- 作成日
- ライフサイクル　など

物理ファイル
（文書系）

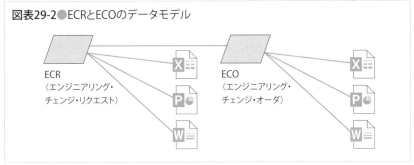

図表29-2●ECRとECOのデータモデル

ECR
（エンジニアリング・チェンジ・リクエスト）

ECO
（エンジニアリング・チェンジ・オーダ）

関する背景情報や検討情報をまとめて管理するPLMの管理アイテムである。

　設計変更プロセスフローにおいては、企業内のどこかの部門が変更要求を起案することから出発する。そこで作成されるのがECRである。そして、設計部門を中心としてECRの承認審議が行われる。設計変更要求を実施する意義や実施時期に関する審議である。承認されたら、図面やBOMの改訂作業を行い、ECOと変更対象の図面やBOMを関連付ける。そして、ECOが承認されると、関係部門に通知が行くという流れだ。このデータモデルでは、**図表29-2**のように、ECRとECOをそれぞれ作成し、それらを関係付けて管理する。これにより、ECRからはリクエストに対する変更実施フォロー、ECOからは変更実施の背景を取得することができる。

　ECOとECR/ECOのデータモデルを比較すると、前者は運用がシンプル、後者はECRとECOが多対多で管理できる柔軟性がある。前者を選択する企業が多い傾向があるが、どちらを選択するかは、企業のあるべき設計変更プロセスを考慮して判断していくことが妥当であろう。

30

初級　D2
中級
上級

設計変更管理の
基本概念（2）

ECOの主目的は、変更対象の品目や図面を関係部門に伝達することである。
ここでは、ECOと変更結果の関係付けや
トレーサビリティへの貢献について理解を深めよう。

　次に、ECOと変更対象のASSYや部品との関係について解説したい。

　PLM導入以前の企業では、設計変更を管理する帳票と、変更された図面やBOMがシステム的に連携されていない状態であることが多い。その場合、設計変更帳票に記載された変更後の図面番号や部品番号を目視確認したあと、図面を検索すればよいが、対象が多いと、それらを探索して内容確認するのに負荷がかかる。

　ここでは、そのような問題に対して、PLMの設計変更管理のデータモデルでどのように解決するかについて解説する。

■■ ECOとE-BOMの連携モデル

　図表30は、PLMの設計変更管理において、ECOと変更対象品目を関係づけて管理する概念を示す。ECOと変更対象のASSYや部品の間にリレーションが作成されている。これによるメリットは以下のとおりだ。

■■ ECOとASSY／部品の連動承認

　1番目は、ECOを起点とした連動承認ができることである。設計変更に関連する多数の品目や図面を漏れなく確実に承認するのは、負荷が高く、間違いが発生しやすい作業である。ECOを承認することで、リレーションをたどって、変更対象の品目と図面をまとめて連動承認するのである。この時に、変更対象品目が別のECOにすでに関連付けられていないか、旧リビジョンの品目や図面を承認しようとしていないかなど、システム的なルールチェッ

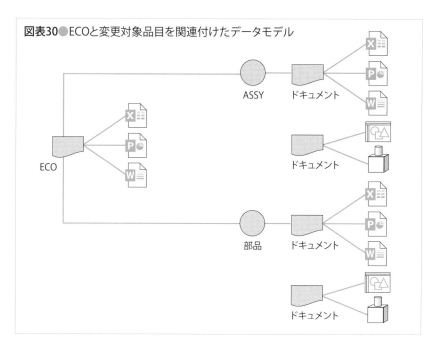

図表30●ECOと変更対象品目を関連付けたデータモデル

ASSY　ドキュメント
ECO
部品　ドキュメント
ドキュメント
ドキュメント

第1章

第2章

第3章

第4章

第5章

第6章

第7章

第8章

第9章

第10章

第11章

第12章

設計におけるBOM

クを走らせることができる。これにより、承認の精度を高めることができるのである。

　承認を経て**図表30**のデータモデルが完成すると、ECOから変更対象品目や図面を容易に特定できるようになる。

■ ECOとASSY／部品の関連検索

　2番目は、承認済の品目や図面から逆にECOを特定できることだ。生産中にASSYや部品で問題が発生した際に、どのような理由でその変更がなされたのかを知りたい場面によく遭遇するだろう。そのようなときに、品目からECOを関連検索し、特定したECOの詳細を確認するのである。

　ECOと変更対象品目の関係は、PLM内だけでなく、ERPにも転送される。ERPのM-BOMの品目マスターの属性でECO番号を管理している企業は多い。生産プロセスで問題が発生した場合、ERPで品番とECO番号を特定し、問題の原因を調査する。いわゆるトレーサビリティである。

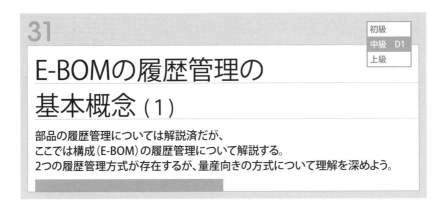

31

E-BOMの履歴管理の
基本概念（1）

部品の履歴管理については解説済だが、
ここでは構成（E-BOM）の履歴管理について解説する。
2つの履歴管理方式が存在するが、量産向きの方式について理解を深めよう。

2種類の履歴管理方式

　図表31-1は、2つの履歴管理方式を示す。左側は量産製品に適用しやすいLoose Structure[*2]、右側は少量生産や個別受注生産向きのTight Structure[*2]である。この2つの履歴管理方式の違いは、構成のキーが異なることである。前者は親品目と子品目の品番のみ、後者では親品目と子品目の品番＋リビジョンがキーである。運用上でどう違いが表れるのかを確認していこう。

Loose Structureの変更シナリオ

　図表31-2は、Loose Structureの変更シナリオ例である。初期状態は、親ASSYの下に2つの部品を構成するシンプルなBOMである。各ASSYと部品のリビジョンはすべて1とした。

　1回目の変更では、子部品のリビジョンを上げる変更を行った。このとき、ASSYのリビジョンは1のままである。2回目の変更では、ASSYと子部品の両方のリビジョンを上げた。3回目の変更では、ASSYをリビジョンアップし、構成部品をBからCに変えた。

　このようにLoose Structureの運用では、親と子のリビジョンは非同期である。子部品をリビジョンアップしても、上位のASSYのリビジョンアップは任意であり、運用の中で判断することが特長である。

Loose Structureのメリットとデメリット

　Loose Structureのメリットは、設計者にとって設計変更の負荷が低いこ

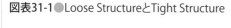
図表31-1●Loose StructureとTight Structure

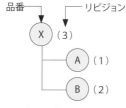

品番 ┐ ┌ リビジョン

X （3）

A （1）

B （2）

Loose Structure
（受注・企画量産向き）

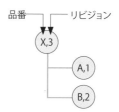

品番 ┐┌ リビジョン

X,3

A,1

B,2

Tight Structure
（少量受注・個別受注生産向き）

図表31-2●Loose Structureによる変更シナリオ

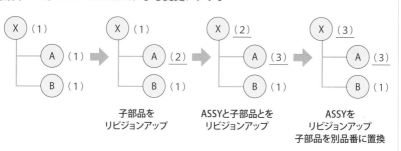

X （1）
A （1）
B （1）

X （1）
A （2）
B （1）
子部品を
リビジョンアップ

X （2）
A （3）
B （1）
ASSYと子部品とを
リビジョンアップ

X （3）
A （3）
B （1）
ASSYを
リビジョンアップ
子部品を別品番に置換

とだ。親ASSYのリビジョンアップが必須でないため、最小のリビジョンアップ処理で設計変更を完了できる。また、製造現場のメリットは、ランニングチェンジ（部品リビジョン間の互換性があることを前提とした、在庫消化に伴うリビジョン切替え）という在庫切替え方式を利用しやすいことである。

　逆にデメリットは、トレーサビリティである。親子のリビジョンが非同期なので、過去のある時点のE-BOMのリビジョンの状態の再現が難しい。対策としては、BOMのある時点の構成のスナップショットを撮ることが考えられる。これはある瞬間の写真を撮るのと同じ考え方であり、PLMソフトウェアが提供する機能を利用するか、E-BOMの構成とリビジョンをそっくりそのままテキストファイルなどに落とし込んでおく方式が考えられる。

＊2 Loose StructureとTight Structureは筆者が定義した用語。

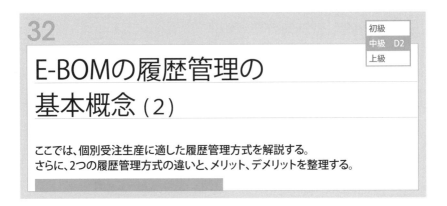

32

初級
中級 D2
上級

E-BOMの履歴管理の
基本概念 (2)

ここでは、個別受注生産に適した履歴管理方式を解説する。
さらに、2つの履歴管理方式の違いと、メリット、デメリットを整理する。

ここではもう1つの履歴管理方式であるTight Structureについて解説する。

Tight Structureの変更シナリオ

図表32-1はTight Structureの変更シナリオを示す。初期状態はシンプル
なBOMで、リビジョンはすべて1である。構成のキーは、品番とリビジョ
ンである。リビジョンアップルールは、子部品がリビジョンアップしたとき
は、親のASSYもリビジョンアップする、である。

1回目の変更で、ASSYと子部品の両方をリビジョンする。2回目の変更
では、子部品B,1をC,1に置換し、ASSYもリビジョンアップする。Loose
StructureではASSYのリビジョンアップは任意だが、Tight Structureでは
必須であることが特長である。

Tight Structureのメリットとデメリット

Tight Structureのメリットは、リビジョンのトレーサビリティが取りや
すいことだ。親ASSYから構成展開すると、子部品の構成を一意に特定できる。
多階層のBOMでも同じである。

また、新旧リビジョンを共存することができることも挙げられる。たとえ
ば、**図表32-1**の変更シナリオにおいても、X,1から構成展開すると旧リビジョ
ンのA,1が検索され、X,2から構成展開すると最新のA,2が展開される。

一方でデメリットは、変更の負荷が高いことだ。子部品をリビジョンアッ
プする際には、必ず親ASSYをリビジョンアップする。多階層のE-BOMでは、

図表32-1●Tight StructureによるBOMの変更シナリオ

設計変更

子部品をリビジョンアップ
親ASSYをリビジョンアップ

設計変更

子部品を置換
親ASSYをリビジョンアップ

図表 32-2●BOMの履歴管理方式の違い

BOM履歴管理	メリット	デメリット	適する生産タイプ業種
Loose Structure	・BOMの変更負荷が低い ・ランニングチェンジなど在庫状態に合わせた柔軟な運用が可能	・BOMによる下位構成部品のリビジョンが特定できない（スナップショット管理などが必要） ・複数リビジョン品目が共存できない（原則、最新を利用） ・都度BOM改訂判断が必要	・見込み生産 ・受注生産（多量） ・自動車、電子機器、精密機器
Tight Structure	・BOMによる下位構成部品が一意に特定できる ・複数リビジョンの品目の共存が可能 ・BOM改訂ルールをシンプル化できる	・BOMの変更負荷が高い（手順数、処理待ち時間） ・ランニングチェンジなど在庫都合に合わせた柔軟な対応がしにくい	・受注生産（少量） ・個別受注生産（製番管理） ・半導体製造装置、工作機械、通信設備、冷熱設備、その他産業機械

これが連鎖的に発生するので、設計者にとって変更処理の負荷は上昇する。これについては、本章の35（p86）でも補足解説する。

■ Loose StructureとTight Structureの違い

　2つの管理方式の違いを**図表32-2**に整理した。ここまで説明したことが大部分なので詳細は省略するが、一般的には、ランニングチェンジを多用する量産製品はLoose Structureと相性が良い。リビジョン指定で設計・生産・保守を行う少量生産や個別受注製品はTight Structureが適合しやすい。

　ただ、最近は量産製品でもトレーサビリティ強化のために、Tight Structureをあえて選択する企業や、ユニット以下の階層の構成はTight Structureで、製品とユニット間の構成はLoose Structureといったハイブリッド型を採用する企業も増えている。

　これはPLMのBOM管理の根幹になる部分なので、特長をよく理解して、自社に適した履歴管理方式を採用することが重要だ。

部品のリビジョンアップと分岐

部品のリビジョンアップと分岐において、
Loose StructureとTight StructureではE-BOMの挙動が異なる。
ここではその違いについて理解を深めよう。

　設計変更する際に、リビジョンアップは部品の改良設計、分岐は部品バリエーションを増やす際に使われることが一般的だ。しかし、E-BOMでは、履歴管理方式によりその挙動が異なる。**図表33-1**は共通認識のために、部品のリビジョンアップと分岐のイメージを図示したものだ。最初はリビジョンアップで、途中からリビジョンアップと新品番に分岐している。

■ Loose Structureの場合

　Loose Structureの場合の、リビジョンアップと分岐のE-BOMの挙動を**図表33-2**に示した。①でP1,1がP1,2にリビジョンアップされると、すべてのASSYで最新リビジョンが展開される。②ではA1の構成部品だけをP1,2からP6,1に置換する処理であるが、他のASSYに影響なく置換される。

　つまり、Loose Structureでは部品の分岐だけが目的ではなく、特定機種だけの変更を行う際にも利用可能だということがわかる。

■ Tight Structureの場合

　次にTight Structureの場合の、E-BOMの挙動を**図表33-3**に示す。部品のリビジョンアップのシナリオは、**図表33-1**と同様だ。

　Loose Structureと違って、リビジョンアップであっても、全ASSYに対してリビジョンの置換えは発生しない（P1,1は残存）。

　すなわち、Tight Structureのリビジョンアップは、改良設計でありながら、旧リビジョンの部品と共存可能だということだ。

図表33-1●リビジョンアップと新品番採番による枝分かれ

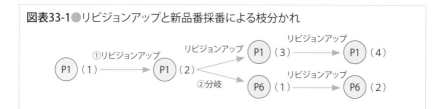

図表33-2●リビジョンアップと分岐によるBOM変化の違い（ Loose Structure ）

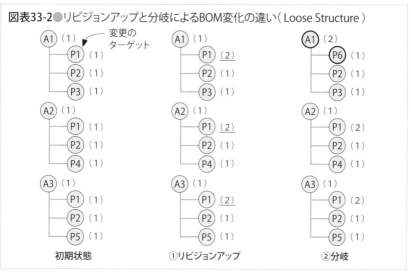

図表33-3●リビジョンアップと分岐によるBOM変化の違い（ Tight Structure ）

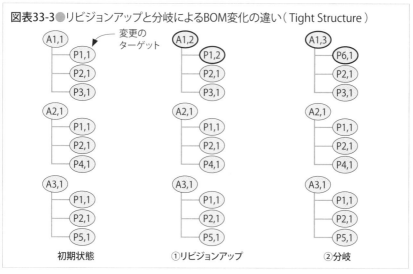

過去の構成部品の
リビジョンが特定できない

Loose Structureは、量産品向きの履歴管理方式であるが、
一方で、過去の構成部品のリビジョンが特定しづらい問題がある。
ここでは、その事象と対策について理解を深めよう。

Loose Structureのデメリットとして、E-BOM上で過去のある時点での構成部品のリビジョンを再現できないことを言及した。ここではその対策について解説する。

過去構成のリビジョン把握の問題

問題を理解しやすくするために、**図表34-1**にE-BOMの変更シナリオのシンプルな例を示した。変更は3回実施されている。変更①は子部品のリビジョンアップ、変更②は子部品とASSYのリビジョンアップ、変更③は子部品の別品番への置換とASSYのリビジョンアップである。

Loose Structureの構成のキーは、親品目と子品目の品番である。したがって、3回の設計変更の後、X,1を検索し、そこから構成展開すると、部品Aに関しては、最新リビジョンであるA,3が展開表示され、Xのリビジョンが1だった時点の構成部品のリビジョンを再現することができない。

補足だが、PLMの実装の工夫として、ASSYを構成する子品目の品番の変化履歴を捉えるために、構成の親品目のキーを品番＋リビジョン、子品目のキーを品番とする方式も考えられる。この場合、**図表34-1**の例だと、X,1とX,2以前のリビジョンからは品番AとBが、X,3からは品番AとCが構成展開される。ただし、この場合、構成のキーが非対称なので、正展開と逆展開の結果については、注意して活用する必要がある。

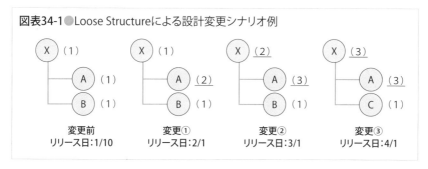

図表34-1●Loose Structureによる設計変更シナリオ例

変更前
リリース日：1/10

変更①
リリース日：2/1

変更②
リリース日：3/1

変更③
リリース日：4/1

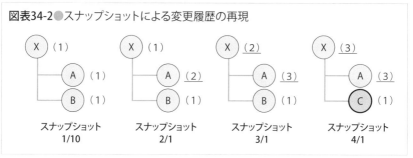

図表34-2●スナップショットによる変更履歴の再現

スナップショット
1/10

スナップショット
2/1

スナップショット
3/1

スナップショット
4/1

■ 解決策

解決策は3つある。

1番目は、Tight Structureにすることである。過去のリビジョン構成を正確に再現する必要がある企業の場合には、Tight StructureでのBOM管理の実装が妥当だ。変更負荷は増加するが、やむを得ない選択である。

2番目は、適切なタイミングでスナップショットを撮っておくことである。図表34-2は変更をリリースした日にスナップショットを撮る運用をして、過去構成のリビジョンを再現する方式を示す。スナップショットとは、文字どおり、その時点のBOMを写真のように切り取って保存しておくことである。PLMソフトウェアによっては、標準機能でこれを備えているものもあるので、デモなどで確認すると良いかと思う。3番目は、BOMの展開条件を用いるやり方だ。変更シナリオに沿った場合、X,1は1/10、A,2は2/1のようにリリース日を品目属性に記録しておく。仮に過去日を2/15とすると、Xのリビジョンは1、Aのリビジョンは2となる。それを利用して過去日の構成とリビジョンを展開するのだ。

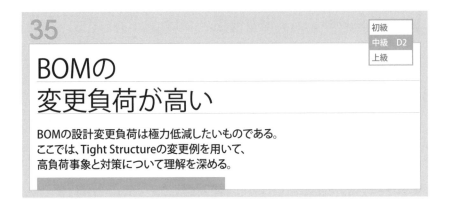

35

BOMの
変更負荷が高い

BOMの設計変更負荷は極力低減したいものである。
ここでは、Tight Structureの変更例を用いて、
高負荷事象と対策について理解を深める。

Tight Structureは、トレーサビリティの強化ができるメリットがある。一方でデメリットは、変更負荷の高さである。両立させることはできないだろうか。

Tight Structureにおける変更負荷の高さを示す例

Tight Structureの4階層のE-BOMの変更モデルを**図表35-1**に示す。

最初はすべてリビジョン1であるが、変更1では、末端部品のP1,1はP1,2にリビジョンアップされている。このとき、Tight Structureでは、その直上のASSYをリビジョンアップする必要があり、さらにトップASSYまで連鎖的にリビジョンアップする必要がある。

変更2では、サブASSYであるSA2の構成部品P6,1をP7,1に置き換える処理がされている。この場合も、サブASSYとその親のASSYは連鎖的にリビジョンアップされ、この2回の変更で、トップASSYのリビジョンは3になる。

大規模な製品の場合、複数のASSY、サブASSYで設計変更が同時並行的に発生するので、変更負荷が高いだけでなく、リビジョンアップ対象のASSYの排他制御が働き、リビジョンアップ作業の停滞が発生する可能性もある。

ハイブリッド構成による対策

製番BOMの構成部品のリビジョンを正確に管理する必要がある生産設備や、トレーサビリティが厳しい自動車業界では、Tight Structureが採用されることが多い。しかしこれらの業界の多くの製品では、機構と電子制御のためのユニットや部品数が非常に多く、BOM構造は概して複雑である。

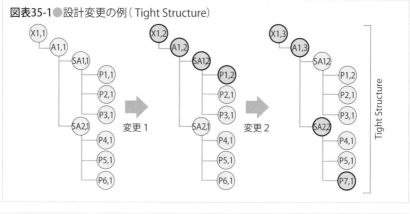

図表35-1 ● 設計変更の例（Tight Structure）

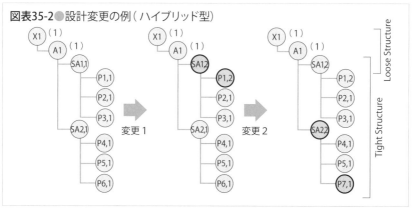

図表35-2 ● 設計変更の例（ハイブリッド型）

　このような場合の解決策事例を**図表35-2**に示す。機構や電子制御を司るユニット単位でサブASSY以下をTight Structureで構成する。そして、その上位の親ASSYとの関係をLoose Structureとし、ハイブリッド型の構成管理を行うのである。

　変更1では、ユニットレベルの（SA1）でリビジョンアップは止まっている。さらに、変更2においても、ユニットレベル（SA2）でリビジョンアップは止まっている。

　トップASSYやユニットより上位のモジュールレベルのASSYは、リビジョンアップを任意としている。顧客への報告や品質、コストの管理が必要なときにリビジョンアップするのである。これはLoose Structureと同じ考え方である。

　ただし、トレーサビリティは必要なので、ユニットより上位についてはスナップショット方式で過去の履歴を保管する対策の併用が考えられる。

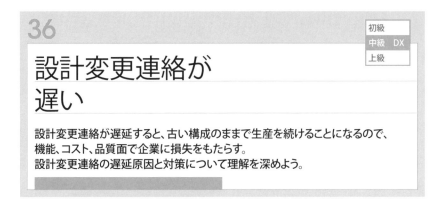

設計変更連絡の遅延原因

　1番目は、設計変更承認の停滞である。PLMを導入していない多くの企業では、設計変更票はエクセルなどで作成し、運用している。この場合、設計変更票と図面やBOMを照合して承認する必要がある。また、承認ワークフローがメールや紙などの回覧方式になっているので、人為的な停滞が発生しやすい。

　2番目は、BOMマスター更新のリードタイムの長さである。設計変更票には、変更後のBOMや変更差分情報が記載されているが、生産管理部門などがその情報を目視で確認し、ERPのBOMマスターにマニュアル入力することになる。間違いが発生するリスクがあるし、時間がかかる原因になる。

PLM上の電子承認作業による効率化

　図表36-1は、PLM上における設計変更承認と差分情報の抽出プロセスをイメージ化したものである。

　まず、PLM内に変更前と変更後のE-BOMが存在し、それにECOを関係付ける。承認者は、ECOを最終的に承認するが、ECOから関係付けられたBOMや図面、3Dビューイングデータ、ドキュメントなどを、リレーション検索して、効率的に閲覧することができる。

　また、電子承認ワークフロー上を使うことで、緊急時には、停滞ポイントを確認し、あおることや、代理承認者を立てることが可能だ。

　さらに、PLMのE-BOM情報を用いると、論理的に変更前後の差分情報を抽出することができる。この例の差分情報では、リビジョンアップされた部品は

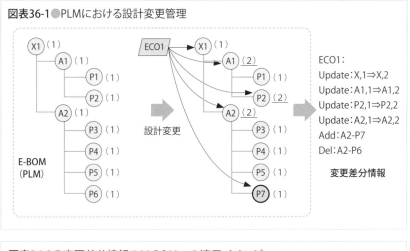

図表36-1●PLMにおける設計変更管理

ECO1：
Update：X,1⇒X,2
Update：A1,1⇒A1,2
Update：P2,1⇒P2,2
Update：A2,1⇒A2,2
Add：A2-P7
Del：A2-P6

変更差分情報

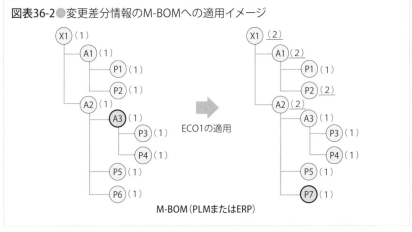

図表36-2●変更差分情報のM-BOMへの適用イメージ

ECO1の適用

M-BOM（PLMまたはERP）

Update、追加された構成はAdd、削除された構成はDelで表現されている。

変更差分情報によるM-BOMの更新

図表36-2は、工場側から見た変更差分情報のM-BOMへの適用イメージだ。図のM-BOMはE-BOMを元に作成されているが、工場都合で生産上の中間品（A3）がサブASSYとしてP3とP4の親構成として追加されている。

さらに前述した変更差分情報がECOとともに工場に送信されてくる。この情報をM-BOMに対してシステム的に適用することで更新するのだ。

37

初級

中級

上級　D2

製品バリエーションが多い

多品種の製品の場合、E-BOMをすべてのバリエーションに対して
作成すると、作成負荷だけでなく、更新負荷も上がる。
効率的なE-BOM管理方法について学習しよう。

　多様な市場ニーズに応えるために、多くの製品バリエーションのE-BOM
を事前に準備しておく必要がある。とくに、自動車や住宅関連業界では、個
別受注生産に近い顧客の多様な要求（色柄、長さ、ソフト、仕向け違い）に
対して、量産品同様の生産プロセスで対応できるように、設計情報を準備・
管理する必要がある。

　ここでは、多様なバリエーションに対するE-BOMの効率的な管理方法に
ついて解説する。

■■■ 仕様値バリエーション

　図表37-1は例として、住宅用設備で使用される1つの部品の仕様値バリエー
ションを示す。住宅用設備は、ユーザが指定する色や、設置場所の制約に伴
う長さのバリエーションを事前に備え、様々な要求や仕様に対応できること
が要求される。この表は、7色、キー寸法L1は100-150mmの10mm間隔
で6種類の仕様値バリエーションがあり、この部品だけで合計42種類の部
品が必要であることを示す。単品でもバリエーションがある上に、製品構成
に複数のバリエーション部品が存在すると、完成品としてのバリエーション総
数は相乗的に増加する。このような場合、完成品のE-BOMをすべてもつこと
は効率的でなく、場合によっては管理不可能に陥る。

■■■ 仕様値による展開条件の組み込み

　図表37-2は、その解決策の例を示す。左図はすべてのバリエーション部品

図表37-1●色と長さのバリエーション

長さL1／色	赤	橙	黄	緑	青	茶	黒
100							
110							
120							
130							
140							
150							

図表37-2●色と長さのバリエーション

を集約したE-BOMであり、親ASSY（A1）は、42種類のバリエーション部品（一部省略）と、仕様値に依存しない固定ASSY（A2）で構成されている。通常のE-BOMと異なる点は、親品目とバリエーション部品間の構成に展開条件が組み込まれていることだ。構成展開は、その展開条件を使って行う。

　右図は、あるオーダで指定された仕様値、色＝茶、L1=100mmの条件で展開したE-BOMである。左図で展開されたP31の構成を確認すると、確かに茶・L1=100mmとなっていることが確認できる。

　そして、この展開結果をオーダ別のM-BOMとして生産管理システムに転送し、生産指示を行うために利用する。

　ここまでの説明でご理解いただけたと思うが、E-BOMに対する条件指定による展開結果は動的なものであり、PLMのデータベースに静的に保管されない。生産管理システムにおいて、オーダ別のM-BOMとして保管されるという関係になるのだ。

　合宿で作成された改革コンセプト例をご紹介しよう。まずは、技術情報の一元管理だ。

　図は、技術情報とマネジメント情報を一元的なデータベースで管理し、社内、社外にわたって情報を共有することで、意思決定の精度や速度を向上することを目的としたものである。

　この例は、住居を設計・施工するメーカで考案されたものである。このメーカでは、施工される現場は本社や工場から離れた場所にあり、多くの工程を外部委託していた。したがって、本社から施工現場の状況を知ること

は、社内工場の状況把握よりも難しいという課題があった。

　設計者は図面や仕様の情報をデータベースに格納する。施工現場の責任者はデータベースにある図面の参照や、携帯電話で進捗報告する。工事の進捗に合わせて、サプライヤは施工現場に資材をジャストインタイムで搬入する。経営幹部は、このシステムを用いて、本社から離れた施工現場であっても、状況をモニタリングし、遅延や問題が発生していないか把握することができる、というコンセプトだ。［コラム5（p110）に続く］

図表 ●業務改革プロジェクト立上げ合宿：改革コンセプト例

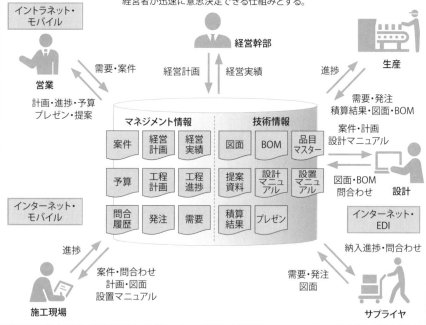

わが社の技術マネジメントの仕組みは、社内・社外にわたって技術情報・マネジメント情報を共有し、経営者が迅速に意思決定できる仕組みとする。

第5章

購買・製造におけるBOM

本章では、購買・製造におけるBOM、
いわゆるM-BOMについて深掘りしていく。
M-BOMの生産マネジメントにおける役割、生産計画の立案方法、
代替部品の定義と運用方法、複数社購買の管理方法、
生産中止品の変更や長納期部品の対応方法、
製造ラインに対するM-BOMの活用や
製造変更管理について、理解を深めていこう。

初級	D2
中級	
上級	

生産マネジメントにおける M-BOMの役割

第5章では、購買や製造におけるBOMについて学習していく。
まずは、あるべき生産マネジメントと、
そこにおけるM-BOMが果たす役割について理解を深めよう。

　ここでは、目標とする生産プロセスにおけるM-BOMの位置付けを考察し、その上でM-BOMが果たす役割について解説する。

目標とする生産プロセス

　生産プロセスの目標は、**図表38-1**に示すように、最高品質、最小コスト、最小在庫、最短リードタイムで生産し、市場／顧客満足度を最大化することにある。

　生産マネジメントの中では、基準情報に対するサプライヤからの納品品質や社内工場の工程品質や完成品品質、調達や製造のリードタイム、調達や製造コストの実績を確認していく。そして、乖離があれば対策するというサイクルを回しながら、全体の改善を図っていくのだ。

M-BOMが果たす役割

　M-BOMの役割の1つは、目標とする生産プロセスの基準情報を管理することだ。**図表38-2**は、**図表19-2**の再掲となるが、改めて確認しておきたい。

　まずコストであるが、これはM-BOMの品目の財務情報に登録されている。サプライヤと交渉した結果の標準価格と実際の取引価格を管理している。また、社内の作業費もコストに影響するが、工程の標準作業時間、使用する設備、作業員の賃率、必要とする要員数などから決定される。

　また在庫関連情報は、品目の中の調達情報として管理されている。安全在庫の基準や最小購入単位などがそれである。

　ただし、在庫を低い水準で運用するためには、調達リードタイムが安定し

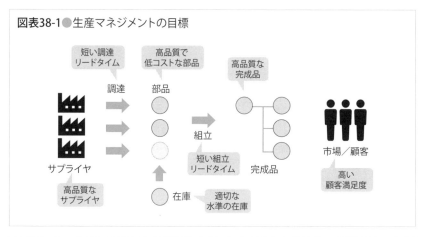

図表38-1●生産マネジメントの目標

短い調達
リードタイム

高品質で
低コストな部品

高品質な
完成品

調達　　部品

組立

短い組立
リードタイム

完成品

市場／顧客

サプライヤ

高品質な
サプライヤ

在庫　　適切な
水準の在庫

高い
顧客満足度

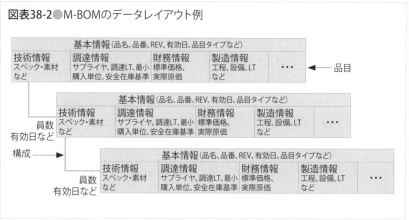

図表38-2●M-BOMのデータレイアウト例

基本情報（品名、品番、REV、有効日、品目タイプなど）

| 技術情報
スペック・素材
など | 調達情報
サプライヤ、調達LT、最小
購入単位、安全在庫基準 | 財務情報
標準価格、
実際原価 | 製造情報
工程、設備、LT
など | ・・・ | ← 品目 |

基本情報（品名、品番、REV、有効日、品目タイプなど）

| 技術情報
スペック・素材
など | 調達情報
サプライヤ、調達LT、最小
購入単位、安全在庫基準 | 財務情報
標準価格、
実際原価 | 製造情報
工程、設備、LT
など | ・・・ |

員数
有効日など

構成 →

基本情報（品名、品番、REV、有効日、品目タイプなど）

| 技術情報
スペック・素材
など | 調達情報
サプライヤ、調達LT、最小
購入単位、安全在庫基準 | 財務情報
標準価格、
実際原価 | 製造情報
工程、設備、LT
など | ・・・ |

員数
有効日など

ていること、引き付け発注（部品を組立工程に対してジャストインタイムで供給できるように、逆算して発注すること）できることがポイントだ。調達リードタイムが不安定だと、引き付け発注ではなく、余裕をもった発注、いわゆるプッシュ型発注と近い形となり、在庫増の要因となるので、要注意である。

品質については、M-BOMの品目属性で管理せず、QC工程表やコントロールプラン（自動車業界の工程品質を管理する帳票）などのドキュメントで品質管理を行われることが多い。しかし、最近では品目属性に基準値を入れ、実績をMES（生産実行システム）で管理し、データで乖離分析する活動も行われ始めている。

M-BOMによる
生産計画立案の基本概念

M-BOMは、部品調達計画や製造指示計画を立案するマスター情報である。
ここでは、MRPの基本概念を交えて、その立案プロセスについて理解を深めよう。

　M-BOMのもう1つの役割は生産計画の立案である。M-BOMには基準情報が格納されているので、その情報を用いて、部品手配計画や製造・組立計画案を立てることができる。その計画案を用いて、生産のキャパが足りているのか、もし不足しているのであれば、社内工程の平準化や、外部委託の活用を検討し、調整後、計画立案を完了する。

　ここでは、そのような背景に基づいたM-BOMによる生産計画立案の基本概念について解説する。

■ M-BOMによる調達計画立案プロセス

　M-BOMによる調達計画立案の基本概念を**図表39-1**に示す。このプロセスで必要なインプット情報は、完成品の生産計画、M-BOM、在庫情報である。

　左上の完成品の生産計画は、いつまでに何個の完成品をつくらないといけないかが示された情報である。生産計画は、通常、販売計画や需要予測から作成され、営業や生産管理部門の合意で決定される。

　左下にあるのが、M-BOMである。Xという完成品に対して、員数が設定された3種類の部品で構成されるシンプルなモデルとした。

　在庫はここでは説明をシンプルにするためにゼロとしているが、部品の必要数量に対して在庫数を差し引き、不足分を発注することになる。

　これら3つの情報をインプットとして、部品調達計画を立案する。製品の完成日からM-BOM中のASSYの製造（組立）と部品の調達リードタイムを逆算し、部品の発注日を計算した結果が図の右側の部品調達計画（案）であ

図表39-1●M-BOMを用いた部品調達計画

製品	4/1	4/10	4/20	4/30
X	5	10	5	10

生産計画(完成品)

X 10日
1 A 10日
2 B 10日
1 C 20日
M-BOM

製品	3/1	3/10	3/20	3/30	4/10
A		5	10	5	10
B		10	20	10	20
C	5	10	5	10	

部品調達計画(案)

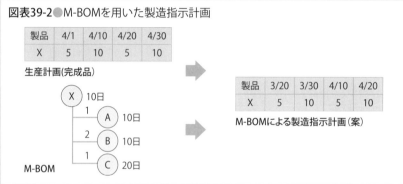

図表39-2●M-BOMを用いた製造指示計画

製品	4/1	4/10	4/20	4/30
X	5	10	5	10

生産計画(完成品)

X 10日
1 A 10日
2 B 10日
1 C 20日
M-BOM

製品	3/20	3/30	4/10	4/20
X	5	10	5	10

M-BOMによる製造指示計画(案)

る。これは、いわゆるMRP（資材所要量計画）の基本になる考え方である。

■ M-BOMによる製造計画立案プロセス

　M-BOMによる製造計画立案のイメージを**図表39-2**に示す。基本原理は、調達計画立案と同じである。インプットとして、完成品の生産計画とM-BOMを用いる。完成品の必要日から製造リードタイム分を逆算して、製造開始日を決める。この図は1階層モデルであるが、多階層で複数のASSY（組立工程）がある場合は、さらに逆算して計算する。

　この処理の計算結果が、図の右側の製造指示計画（案）である。この後、負荷調整を経て、製造指示計画は完成される。MES（生産実行システム）にこの情報が格納されていると、生産現場には自動的に製造指示書が出力され、何日までにどのアセンブリを何個つくらないといけないのかが指示される。

97

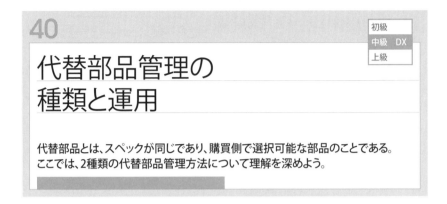

40

代替部品管理の
種類と運用

代替部品とは、スペックが同じであり、購買側で選択可能な部品のことである。
ここでは、2種類の代替部品管理方法について理解を深めよう。

　代替部品とは、設計部門が、スペックが同じなどの互換性を明示した部品のことであり、購買部門の調達都合で選択できる。メーカ違いで同等スペックの電子部品でこの運用が行われることが多い。ここでは、代替部品の管理方法の種類、E-BOM、M-BOMにおける実装方法について解説する。

構成OR

　代替部品といっても、実は2種類の運用方法がある。1番目は構成ORと呼ぶ方式で、**図表40-1**の左図に示すものだ。このBOMでは構成部品が5点あるように見えるが、下の3点は代替部品の関係にあり、代表部品に員数1を設定し、残りは0にしている。

　E-BOMでは、設計部門が代表部品の員数を1にセットし、他を0にしておく。購買部門はそれを受けて、調達上の理由からM-BOM上で発注比率を設定する。1や0だけでなく、P3,1を0.5、P4,1を0.5といった員数設定も可能だ。員数0.5というのは50%の発注比率を意味する。

　また、構成ORの文字どおり、構成で代替部品を表現するので、そのASSYの中で限定された互換性であることを留意して、活用する必要がある。

部品OR

　2番目は部品ORという方式で、**図表40-1**の右図で示すものだ。これは代表部品を設定し、代替部品はサブ部品として設定する方式である（PLM上ではサブ部品は代表部品の属性的なイメージである）。構成ORはASSYに限

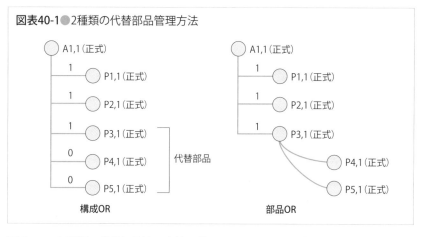

図表40-1●2種類の代替部品管理方法

構成OR

A1,1（正式）
1 — P1,1（正式）
1 — P2,1（正式）
1 — P3,1（正式）
0 — P4,1（正式）
0 — P5,1（正式）
代替部品

部品OR

A1,1（正式）
1 — P1,1（正式）
1 — P2,1（正式）
1 — P3,1（正式）
P4,1（正式）
P5,1（正式）

図表 40-2●種類の代替部品管理方法の違い

比較項目	構成OR	部品OR
ASSYへの適用範囲	ASSY固有の設定が可能	すべてのASSYに影響を及ぼす
変更方法	構成が変更になるので、親ASSYの変更処理を行う	部品の変更処理を行う
発注比率	構成の員数で設定	ERPの品目マスターで設定

定された代替部品であるのに対して、部品ORは部品に定義された情報なので、同じ品番の部品すべてに適用される。

　設計部門はPLM上で代替部品を代表部品のサブ部品として設定するが、購買部門はERPの品目マスターで代表とサブ部品の購入比率を決定する。

■ 構成ORと部品ORの違い

　この2つの違いを**図表40-2**にまとめた。構成ORはASSYに限定、部品ORは全ASSYに共通の設定である。

　また、代替部品を変更する場合、構成ORは親ASSYの変更であるのに対し、部品ORは部品の変更である。その考え方に従って、E-BOM上で変更処理を行う。

　また、購入比率については、構成ORはM-BOMの構成の員数で設定、部品ORはERPの品目マスター上で設定する。

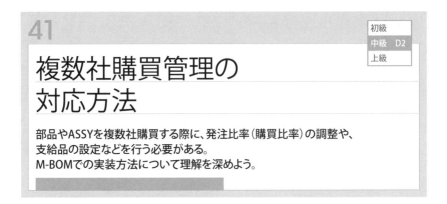

41

複数社購買管理の
対応方法

部品やASSYを複数社購買する際に、発注比率（購買比率）の調整や、
支給品の設定などを行う必要がある。
M-BOMでの実装方法について理解を深めよう。

　ここでは、代替部品を用いて部品を複数社購買するケースと、ASSYの組立工程を外部委託して複数社購買するケースについて、E-BOMとM-BOMにおける実装例を解説する。

■ 部品の複数社購買

　図表41-1は部品の複数社購買のイメージを示す。左図はE-BOMであり、部品P3,1とP4,1が構成ORとして設定されている。つまり、購買部門が調達都合で、どの部品をどれくらいの比率で調達するかを決めることができる。右図のM-BOMは、購買部門が発注比率を員数で設定した結果を示している。39（p96）で説明した発注計画立案プロセスにおいても、この発注比率の情報を使用することができるのでたいへん便利だ。

■ ASSYの複数社購買

　図表41-2は、ASSYの複数社購買のイメージである。負荷の平準化や調整のために、内製や社外への組立業務委託が並行で実施される場合に発生する。
　左図はE-BOMで、ASSYに4つの部品がフラットに構成されている。
　右図はM-BOMである。購買部門が実施したいことは以下3点である。
1. 部品P7,1とP8,1をサプライヤに組み立てた中間品の状態で納入してもらう。
2. それを2社のサプライヤ（組立業務委託先であるサプライヤXとY）に発注し、その発注比率を60%：40%とする。

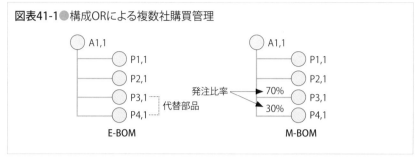

図表41-1●構成ORによる複数社購買管理

A1,1
P1,1
P2,1
P3,1 ┄┄ 代替部品
P4,1
E-BOM

A1,1
P1,1
P2,1
発注比率 → 70% P3,1
　　　　　 30% P4,1
M-BOM

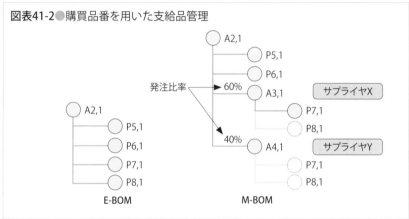

図表41-2●購買品番を用いた支給品管理

A2,1
P5,1
P6,1
発注比率 → 60% A3,1 サプライヤX
　　　　　　　　　　P7,1
　　　　　　　　　　P8,1
　　　　　 40% A4,1 サプライヤY
　　　　　　　　　　P7,1
　　　　　　　　　　P8,1
M-BOM

A2,1
P5,1
P6,1
P7,1
P8,1
E-BOM

　3. サプライヤによって支給品を変える。サプライヤXにはP7,1を支給品とするが、それ以外についてはサプライヤ自身に手配してもらう。

　購買部門は、1. と 2. の対応として、サプライヤXとYのための購買用の中間品としてA3,1とA4,1を採番した。さらに、E-BOMを元にしてM-BOMを生成し、これら2つの中間品を挿入した構成に組み換えた。

　次に、2つの購買用中間品に対して、それぞれ員数60%と40%を設定した。これは員数であり、発注比率でもある。

　次に3. の支給品対応であるが、自社で調達するサプライヤX向けのP7,1はM-BOM上に残すが、それ以外は構成から削除した。**図表41-2**上は、削除された構成はアミかけで表現した。

　購買品番をサプライヤ別に設定することは、サプライヤの違いを品番で視認することができ、トレーサビリティ強化を図るねらいがある。

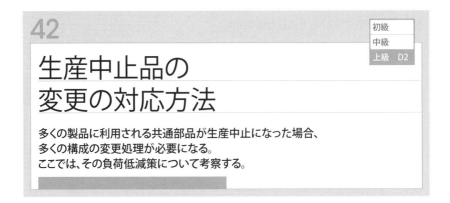

42

生産中止品の
変更の対応方法

多くの製品に利用される共通部品が生産中止になった場合、
多くの構成の変更処理が必要になる。
ここでは、その負荷低減策について考察する。

生産中止品変更の問題点

　問題になる変更プロセスのイメージを**図表42-1**に示した。

　左図は変更前のE-BOMの状態である。P2,1が生産中止の対象部品だ。この例では3つのASSYに共通品として利用されている。生産中止対応で、この部品をこれからP6,1に置き換えるシナリオである。

　中央図では、変更の準備として、構成変更するので、3つの親ASSYをそれぞれリビジョンアップし、ライフサイクルを仕掛にした状態である。そして、右図のように各ASSYでP2,1をP6,1に置き換え、承認処理する。承認完了すると、各ASSYのライフサイクルは正式に更新される。

　この例では、わずか3つのASSYだが、汎用の電子部品の場合は、非常に多くの機種やASSYに組み込まれていることが多い。ASSYに排他制御をかけながらの変更は、設計変更処理の工数負荷が高いだけでなく、変更処理が完了するまで他の作業ができなくなり、停滞を発生させることもある。

問題に対する解決案

　上記の問題の原因は構成変更で処理することにあるので、部品の変更による解決策を提案したい。

　図表42-2は、部品ORを用いた解決案のイメージである。部品ORについては、**40**（p98）で解説したので、そちらをご参照願いたい。設計変更前の状態は同じであるが、生産中止が決まった時点で、設計部門はP2,1をP2,2にリビジョンアップし、その代替部品としてP6,1を設定する。

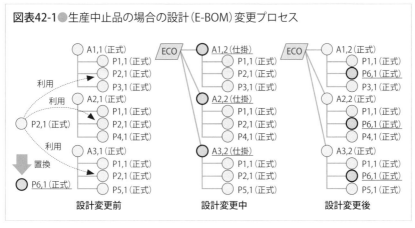

図表42-1●生産中止品の場合の設計（E-BOM）変更プロセス

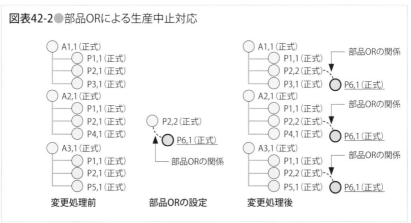

図表42-2●部品ORによる生産中止対応

　各ASSYを構成展開すると、右図のように代替部品が設定された状態で表示される。設計部門は更新した品目をERPに転送する。その後、購買部門はERP上で、代替部品の発注比率を、P2,2：P6,1=100％：0％から、P2,2：P6,1＝0％：100％に更新する。これで生産中止品が関係する全ASSYにおいて、該当部品の発注処理の変更が完了する。

　ただし、この解決案においては、生産中止品に対する代替部品を設定する際に、代表部品のリビジョンアップのプロセス、設計変更プロセス中におけるERP例での発注比率の更新指示方法、などの運用課題検討の必要があることを追記しておく。

43

初級
中級
上級　DX

長納期部品調達の対応方法

生産リードタイムの短期化に伴い、
長納期部品の調達に関する課題が増加している。
本項では、長納期部品調達における問題と、
BOMを用いた対応方法について理解を深めよう。

■ 長納期部品調達における問題

　量産製品の場合、生産時点でBOMが確定しているので、販売予測に基づき、長納期部品を見込手配することが可能だ。しかし、受注生産でオプションやカスタム設計がある場合、仕様が決定されるまでBOMが確定しない。BOM確定まで待つと、長納期部品は組立に間に合わなくなる問題が発生する。

　受注＋カスタマイズ製品の場合の、部品調達のイメージを**図表43-1**に示す。通常納期部品は受注してから手配しても組立開始に間に合うが、長納期部品は、受注後に手配すると組立に間に合わないことがわかる。

　長納期部品が汎用品であれば在庫で吸収可能だが、案件専用部品や高額部品を在庫とすると、他案件への転用不可になるデッドストックやキャッシュフローの問題を発生させる。逆に、在庫を極小化すると欠品リスクが高まり、製品の完成納期に影響が出るリスクが生じる。

■ 見積BOMとフォーキャスト手配による解決

　この問題に対して、受注前の見積BOMを用いたフォーキャスト手配の事例をご紹介する。**図表43-2**は、その事例の目的別BOMの連携イメージだ。

　この事例企業は、標準製品に対し、オプションや特注部を追加し、案件単位で生産する個別受注生産型の製造業である。しかし、競争激化により生産リードタイムが短縮され、結果として、長納期部品が増加し、在庫過多と欠品を多発していた。その対策として、見積BOMを用いたフォーキャスト手配プロセスを導入したのだ。

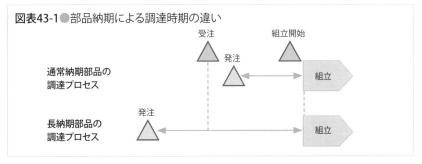

図表43-1●部品納期による調達時期の違い

受注
発注
組立開始

通常納期部品の
調達プロセス

組立

長納期部品の
調達プロセス

発注

組立

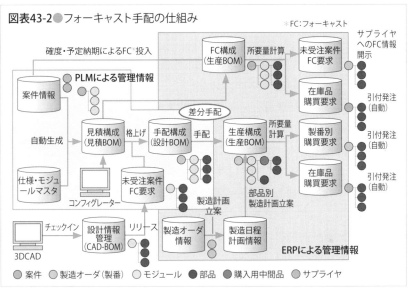

図表43-2●フォーキャスト手配の仕組み

※FC:フォーキャスト

確度・予定納期によるFC投入

PLMによる管理情報

案件情報

自動生成

仕様・モジュールマスタ

コンフィグレーター

3DCAD

チェックイン

設計情報管理（CAD-BOM）

リリース

見積構成（見積BOM）

格上げ

手配構成（設計BOM）

差分手配

手配

生産構成（生産BOM）

FC構成（生産BOM）

所要量計算

未受注案件FC要求

在庫品購買要求

所要量計算

未受注案件FC要求

製造計画立案

製造オーダ情報

製番別購買要求

在庫品購買要求

部品別製造計画立案

製造日程計画情報

ERPによる管理情報

サプライヤへのFC情報開示

引付発注（自動）

引付発注（自動）

引付発注（自動）

● 案件　○ 製造オーダ（製番）　○ モジュール　● 部品　● 購入用中間品　● サプライヤ

　図中の見積構成⇒手配構成⇒生産構成の流れは、受注確定後の通常部品手配プロセスを示す。発注プロセスでは、案件専用部品か汎用部品によって、製番別購買要求と在庫品購買要求に分けている。

　また、見積構成⇒FC（フォーキャスト）構成の流れは、受注前の長納期部品手配プロセスである。発注プロセスでは、案件専用部品か汎用部品かにより、未受注案件FC要求と在庫品購買要求に分けている。

　ポイントになるのは、見積構成の作成である。この事例では、コンフィグレータにより、仕様から見積BOMを生成する方式を採用した。コンフィグレータについては、第11章で別途解説するので、そちらを参照いただきたい。

44

初級
中級
上級　DX

製造ラインへの指示におけるM-BOMの活用

製造ラインに対して、生産個数や納期だけでなく、
工程別の製造条件や品質管理基準も合わせて
指示するM-BOMの活用事例について理解を深めよう。

■ 製造ラインへの指示の従来の問題点

ご紹介するのは部品製造メーカの事例である。従来、技術部門は、**図表44-1**のように図面や仕様書を工場向けにアウトプットしていた。

生産管理部門はここから必要な情報を目視で読み取り、製造ライン向けにM-BOMと製造管理手順書を手作業で作成していた。M-BOMはERPにマスター登録され、製造管理手順書は共有サーバに保管された。

製造ラインは、ERPから出力された製造指示（品番、個数、納期）を元に部品製造を行っていた。そして、共有サーバにある製造管理手順書を印刷し、製造条件や品質管理基準の内容を確認し、段取替え作業や完成した部品の検査・品質管理に使用していた。

問題は、M-BOMと製造管理手順書が、特定の熟練者により、目視と転記で作成されていたことであった。熟練者は、図面や仕様書のどこに製造ラインが必要な情報が書かれているかを把握していて、短時間で必要な情報を抽出できた。しかし、近い将来の熟練者の引退や、マニュアル作業による転記ミスが問題指摘されていた。このような経緯から、技術から製造に伝達する技術情報のデータベース化の要求が高まっていた。

■ 解決策

上記対策として、技術部門は、従来の図面や仕様書作成ではなく、**図表44-2**のような技術情報マスターをアウトプットすることに組織的に取り組んだ。技術情報マスターには、E-BOMに加えて、従来仕様書に書かれていた

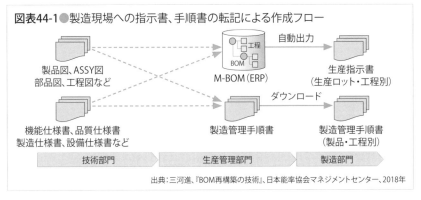

図表44-1●製造現場への指示書、手順書の転記による作成フロー

出典：三河進、『BOM再構築の技術』、日本能率協会マネジメントセンター、2018年

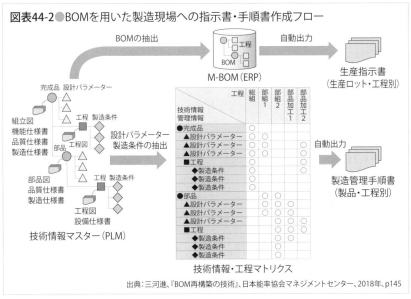

図表44-2●BOMを用いた製造現場への指示書・手順書作成フロー

技術情報管理情報 ＼ 工程	総組	部組1	部組2	部品加工1	部品加工2
●完成品	○				
▲設計パラメーター	○	○			
▲設計パラメーター	○	○			
▲設計パラメーター	○				
■工程	○				
◆製造条件	○				
◆製造条件	○				
◆製造条件	○				
●部品		○	○		
▲設計パラメーター		○	○	○	
▲設計パラメーター			○	○	
▲設計パラメーター				○	○
■工程				○	○
◆製造条件				○	
◆製造条件					○
◆製造条件					○

技術情報・工程マトリクス

出典：三河進、『BOM再構築の技術』、日本能率協会マネジメントセンター、2018年、p145

品質管理基準や製造条件をデータとして品目や工程の属性に登録するようにした。これにより、工場の各部門はデータベースからシステム的にこれらの情報を抽出できるようになった。

また、技術情報マスターにおいては、製品別に技術情報が整理されていて、工程別になっているわけではないので、それらを工程別に振り分けるための技術情報・工程マトリクス（**図表44-2中央部参照**）もデータベース化したのである。

45

製造変更を
管理せねばならない

製造変更管理とは、
自社とサプライヤにおける工程や設備の変更を管理することだ。
設計変更との違いやPLMにおける実装方法について理解を深めよう。

　大規模リコールに起因するトレーサビリティ強化を背景として、自動車業界では製造変更管理が実質的に必須管理事項となった。ここでは、製造変更管理の基本的な考え方について解説する。

■■■ 製造変更管理とは

　製造変更管理とは、4M変化点管理の中の1つの取組みである。4Mとは、Man（人）、Machine（機械）、Method（方法）、Material（材料）のことだ。PLMでは、Materialの変更の多くは、設計変更管理で行われるだろう。また、人（製造担当者）の変更はPLMでは管理しにくいので、4M変化点管理のデータベースで管理されるが、機械（製造設備）や方法（工程）の変更については、PLMで製造変更管理として実施されることが多い。さらに、自社だけでなくサプライヤ内部の製造変更に対しても、これを実施するのである。

■■■ 設備や工程の製造変更管理

　PLMの中で製造変更を管理するアイテムは、MCO（Manufacturing Change Order）と呼ばれる。MCOの振舞いはECOと同じで、変更要求が起案され、承認後、製造変更されたアイテム（部品、工程、設備）に関連付けて管理を行う。

　図表45-1は、設備や工程の変更情報を、MCOを用いてPLMのM-BOMに関連付けた例である。ここには、BOP（工程表）とBOE*¹（設備表）が登場している。MCO1は工程に利用される設備や治工具の変更、MCO2は、工程に関する変更を示している。

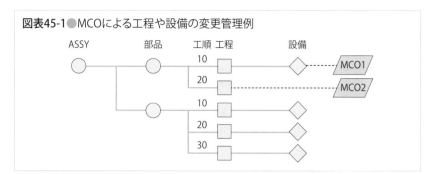

図表45-1●MCOによる工程や設備の変更管理例

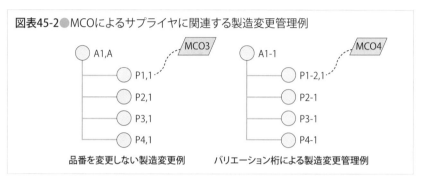

図表45-2●MCOによるサプライヤに関連する製造変更管理例

品番を変更しない製造変更例　　　　バリエーション桁による製造変更管理例

■■■ サプライヤ内部の製造変更管理

　サプライヤ内部の製造変更に対しても報告を要求し、自社内で製造変更として管理する企業が増加している。サプライヤ・プロセスの変更といっても、設計仕様が変更される場合は設計変更として処理されるので、製造変更とはまったく別物であることはしっかりとご理解いただきたい。

　図表45-2は2つの製造変更管理例を示す。左図はサプライヤ内部で製造変更された部品に対して、単にMCO3を関連付けた例である。変更内容はMCO中に記述されているが、品番は変化していないので、ロットトレースなどの手段で変化点をトラッキングする必要がある。

　図表45-2の右側は、品番の**58**（p139）に示すバリエーション桁を繰り上げる製造変更管理例である。バリエーション桁が変わるので、サプライヤ内部の製造変化点を把握できるが、E-BOMとの連携が煩雑になりやすい。メリット、デメリットを考慮し、実装方式を決めることが肝要だ。

＊1 BOEはBill of Equipmentの略で設備の一覧のこと。

コラム5：改革コンセプトの例（改革的である理由）

コラム4（p92）：改善コンセプトの例（技術情報管理）のコンセプトは合宿で作成されたものだが、もう1枚、この改革コンセプトが改革的である理由も合わせて作成されたのでご紹介する。下図をご覧いただきたい。

自社にとっての改革的とは、自社ではまだ実施されていないことを指す。

①の「ITでできることは、すべてITが処理する」は当たり前のようであるが、なかなかできていないことが多い。これは、②の「業務を標準化し、IT化する」ことが前提である。①のIT化できない理由は、業務プロセスが標準化されていないことだと合宿中に議論されたことに起因している。③の「WIN-WINの関係を築く」こともポイントである。社員だけにメリットがあるのではなく、社外のビジネス関係者にも恩恵があるシステムであることを提唱している。④の「リアルタイム情報共有」は改革コンセプトそのものであるが、従来この企業ではできていなかったことである。

［コラム6（p128）に続く］

図表 ●業務改革プロジェクト立上げ合宿：改革的である理由

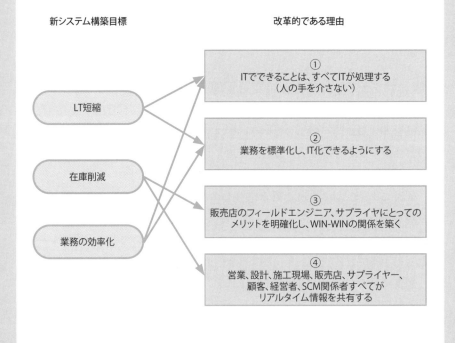

第6章

3Dモデル・図面管理

3Dモデルと図面は、

PLMの中でもBOMと並ぶ重要な管理アイテムである。

本章では、そのデータモデル、CADデータ管理システムとの関係、図面様式に伴う諸問題、

グローバルにおける統合管理、CAD-BOMとE-BOMの結合の強さ、

について理解を深めていきたい。

46

3Dモデル・図面管理の基本概念

3Dモデルや図面はPLM中でどのように管理すべきだろうか。
本項では、そのデータモデルとPLMへの登録プロセスについて理解を進めよう。

　第6章では、PLMの3Dモデル・図面管理について解説していく。3Dモデル・図面管理はPLMのドキュメント管理の一種で、ドキュメント管理アイテムを使用する。2D設計で作成される図面データ（2D CADデータ）は、管理構造がシンプルなのでPLMシステムとの連携は容易だ。しかし3Dモデルの場合の管理構造はやや複雑化する。ここでは基本概念として、3Dモデル・図面管理のデータモデルと、その登録・生成プロセスについて確認しよう。

CADデータ管理システム

　図表46の左側に示すCADデータ管理システム[*1]は、3DCADデータ管理の専用ツールとして、3DCADベンダーから供給されることが多い。3DCADを使って設計した3Dモデルや関連付けられた図面はここにチェックインされ、チーム内で共有が行われる。

PLMシステムへの登録

　CADデータ管理システムに格納されたデータは、設計が完成した段階でPLMシステムに登録・承認し、正式化する手続きを踏む。

　図表46は、例として部品単体の3Dモデルとそこから生成された図面データを登録する考え方を示している。

　図の左側はCADデータ管理システムで、3Dモデルと連想性（3Dモデルを更新すると図面に反映される関係）のある図面が存在する。ここではCADデータ管理システム側から登録を行うとする。

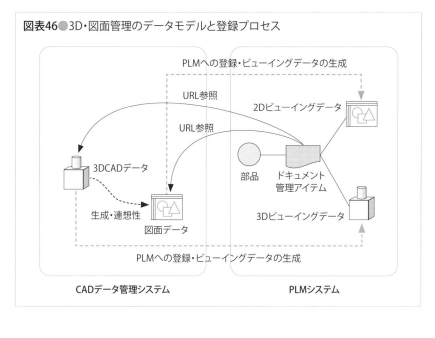

図表46●3D・図面管理のデータモデルと登録プロセス

PLMへの登録・ビューイングデータの生成

URL参照

2Dビューイングデータ

URL参照

3DCADデータ

部品　　ドキュメント
　　　　管理アイテム

生成・連想性

図面データ

3Dビューイングデータ

PLMへの登録・ビューイングデータの生成

CADデータ管理システム　　　　　　PLMシステム

その結果、図の右側のPLMシステム内に、部品、3Dモデルと図面から生成されたビューイングデータ、その管理アイテムであるドキュメント管理アイテム、リレーションが生成される。ビューイングデータは、CADがインストールされない端末で開くことができる3D用のXVL[*2]や3DPDF[*3]、2D用のPDFやTIFF[*4]などのデータ形式で生成されることが一般的である。

3Dモデルと図面のネイティブデータをPLMに転送・格納する方式もあるが、この図ではURLリンク方式を採用した。PLMからURLをクリックすると、3D/2DCADが起動し、該当する3Dモデルや図面を開くことができる。この方式のメリットは、CADデータの一元化と、ファイルサーバの容量の節約である。

PLMシステム内に部品が先に作成されている場合は、部品を除いたアイテムを生成後、部品との関連付けを行う。

*1 CADデータ管理システムとは、3DCADベンダーが3DCADモデル管理専用に提供するシステムのこと。チーム設計や仕掛の情報管理が得意である。
*2 XVLとは、eXtensible Virtual world description Languageの略で、ラティス・テクノロジーが開発した軽量3Dフォーマット。
*3 3DPDFとは、3D情報を含んだPDFファイルのこと。通称として使用され、正式フォーマット名称ではない。
*4 TIFFとは、Tagged Image File Formatの略の画像フォーマットのこと。

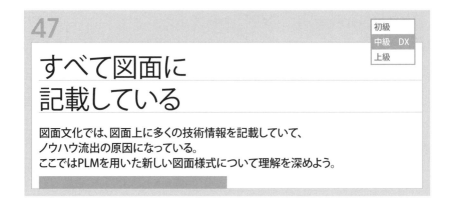

すべて図面に記載している

初級 / 中級 DX / 上級

図面文化では、図面上に多くの技術情報を記載していて、
ノウハウ流出の原因になっている。
ここではPLMを用いた新しい図面様式について理解を深めよう。

図面に関する技術情報をすべて図面を記載しているため、社外に図面を発行した際に、図面と共にノウハウまで流出するという話を聞く。これは図面で仕事をする文化に起因するものである。図面情報過多に代表される図面文化は製造現場でも問題視されており、図面様式を見直す動きが活発化している。

従来の図面様式

図表47-1の左側は従来型の図面である。この中には、部品の形状や寸法値、表題欄の図面番号や部品名称、改訂履歴、その他注記、参照すべき技術仕様書、製造仕様書、各仕様書に書かれた技術的なノウハウや詳細条件が記載されている。図面を見ればすべてがわかるので便利なのは確かにそうだ。ITが生産現場に浸透していない時代は、この方式が最適だったのかもしれない。

図面を分解した技術情報モデル

図表47-1の右側は、左の従来型の図面に書かれた情報を分解して、PLM上でそれらをリレーションで関連付けした技術情報管理モデルである。

図面上の履歴情報をPLMの部品のリビジョンで表現し、各リビジョンには対応する図面が関連付けられている。図面上の参照文書（技術仕様書や製造仕様書など）も部品に関連付けられている。

このモデルの特長は、図面に情報を集中させるのではなく、リレーションを使って、分散したさまざまな情報をいろいろな角度から見ることができることにある。

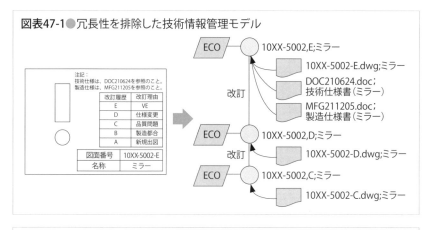

図表47-1●冗長性を排除した技術情報管理モデル

図表47-2●製造現場における部品情報の端末参照イメージ

■ タブレットで閲覧する仕組み

この技術情報管理モデルの活用方法を考察してみよう。

例として、生産現場で部品の図面や仕様書などの情報を参照するシーンを想定する。**図表47-2**のように、部品の現品票に記載されたバーコードを読み込むと、タブレットやPCなどの端末上で設計情報を表示できる。さらに端末上で構成の上位や下位、リビジョンの新旧のいずれかに移動し、製品上での位置づけや履歴、部品の属性情報や関連文書の内容を確認することも可能だ。

取引先と帳票でやり取りする必要があるなら、PCでこの画面を印刷して、図面＋管理情報を記載した帳票をセットにして提出するのである。

さらに、調達（サプライヤや購買価格など）、製造（工程、標準時間、設備など）、トランザクション（オーダやロット情報など）についてもメニューから参照できるので、従来の図面以上の情報を簡単に取得することが可能になるのだ。

48

図面からPLMへの
登録負荷が高い

図面上の表題欄や品目表の情報を抽出して、
PLMに属性やBOMを効率的に登録するニーズは根強い。
ここでは、その方法について理解を深めよう。

　ここでは、図面から必要情報を抽出し、PLMに登録する作業負荷の軽減方法について解説する。

　図面に書かれた情報は、PLM上で部品や図面の属性として登録し、検索などで活用されることが多い。しかし、図面に記入された情報を目視で抽出し、マニュアルでPLMに登録している企業は意外と多い。図面情報のPLMへの登録プロセスの自動化のポイントを考察してみよう。

図面情報のPLMへの登録プロセス

　図面情報のPLMへの登録プロセスの例を**図表48**に示した。

　左側の元図面はASSY図である。ここには、図面番号、部品名称、品目表（図面上のBOM）が書かれている。これらの情報を図の右側のように、PLMシステム内にBOMとそれに関連付けをした図面のドキュメント管理アイテムを作成する。仮に手作業で実施した場合の手順は以下のとおり。

　1.図面番号（＝部品番号）と品目表から、BOMを作成

　2.図面ファイルからPDFを生成

　3.CADの図面ファイルと生成したPDFファイルをPLMシステムに登録

　4.BOMの各部品と図面ファイル、PDFのそれぞれの間にリレーションを
　　作成

登録プロセスの自動化

　このプロセスはすべて自動化できそうであるが、もっとも難しいのは、1.の

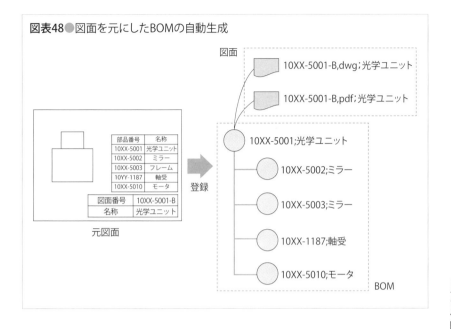

図表48●図面を元にしたBOMの自動生成

図面

10XX-5001-B,dwg；光学ユニット

10XX-5001-B,pdf；光学ユニット

部品番号	名称
10XX-5001	光学ユニット
10XX-5002	ミラー
10XX-5003	フレーム
10YY-1187	軸受
10XX-5010	モータ

図面番号	10XX-5001-B
名称	光学ユニット

元図面

登録

10XX-5001；光学ユニット

10XX-5002；ミラー

10XX-5003；ミラー

10XX-1187；軸受

10XX-5010；モータ

BOM

プロセスで、図面から文字情報を抽出するところであろう。これにはテクニックがあり、CAD上で文字を書くエリア（範囲）を運用ルールで決めておくことが必要だ。そのエリアをねらって、CADのAPI[5]を使って座標の範囲内にあるテキストを抽出し、読み取るのである。その情報をPLM側に渡して、BOMを自動生成する。

1.と3.のプロセスのキー情報はCADで作成した図面ファイルなので、このファイルを指定することで、PDF生成とPLMシステム登録を自動化できる。品目表に書かれた子部品の図面の場合も同様である。4.のプロセスはここまでのプロセスで登場したキー情報と生成した情報なので、PLMの内部で各アイテムをリレーションで自動的に関連付ける。手順中に登場した2DCADのAPIはほとんどのCADソフトウェアが提供しているが、個別案件における機能実装については、CADのSEと相談する方法がよい。

少々テクニカルな内容になったが、ユーザや企画の立場で、こうした効率化ができることを覚えておいていただきたい。

[5] APIとは、Application Programming Interfaceの略で、ソフトウェアが提供する関数のこと。CADもカスタマイズ用にAPIを提供する。

49

設計変更時、
図面の改訂負荷が高い

図面文化に関係するが、図面中の情報量により、
図面の改訂負荷や出図枚数は大きく変わる。
図面様式を変更することによる業務の改善効果について理解を深めよう。

49は、ITの話というよりも図面の運用の話である。大事なことは最後に登場するので、そこまで読んでいただきたい。

ASSY図の品目表に構成部品のリビジョンをすべて記載しているため、構成部品がリビジョンアップされるごとに、関係するすべてのASSY図面を改訂して再出図する。このオペレーションになっている企業が意外と多い。これも、図面に依存して仕事をする、図面文化に起因しているのではないだろうか。

■ 改善前の図面におけるリビジョン表記

図表49-1は、部品とそれを共通部品として使う3つのASSY図のリビジョンアップの状況を示している。各図面の品目表にはすべての部品のリビジョンが記載されている。

子部品の図面を1⇒2にリビジョンアップすると、その部品が使われているすべてのASSY図の品目表のリビジョンの修正を行う必要がある。この例の場合、改訂処理で出図する図面枚数は、部品図を含め4枚である。

この例では共通利用するASSY数がさほど多くないが、多数になる場合は、図面改訂負荷は当然高くなる。

■ 品目表のリビジョンは＊とする

図表49-2は改善イメージである。ASSY図の品目表のリビジョンはすべて＊（原則、最新リビジョンを利用）とされている。このようにすると、子部品が1⇒2にリビジョンアップしても、ASSY図の形状に影響がない限り

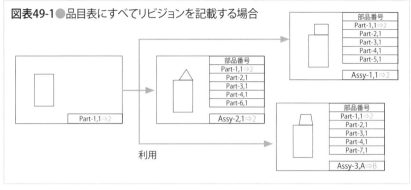

図表49-1●品目表にすべてリビジョンを記載する場合

部品番号
Part-1,1⇒2
Part-2,1
Part-3,1
Part-4,1
Part-5,1

Assy-1,1⇒2

部品番号
Part-1,1⇒2
Part-2,1
Part-3,1
Part-4,1
Part-6,1

Assy-2,1⇒2

Part-1,1⇒2

部品番号
Part-1,1⇒2
Part-2,1
Part-3,1
Part-4,1
Part-7,1

Assy-3,A⇒B

利用

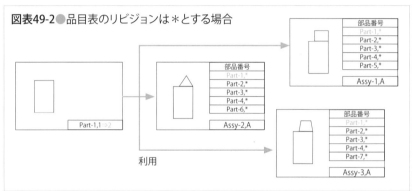

図表49-2●品目表のリビジョンは＊とする場合

部品番号
Part-1,*
Part-2,*
Part-3,*
Part-4,*
Part-5,*

Assy-1,A

部品番号
Part-1,*
Part-2,*
Part-3,*
Part-4,*
Part-6,*

Assy-2,A

Part-1,1⇒2

部品番号
Part-1,*
Part-2,*
Part-3,*
Part-4,*
Part-7,*

Assy-3,A

利用

ASSY図の修正は不要なので、改訂処理の出図枚数は、部品図1枚だけとなる。

　ただし、このプロセス改善が適用できるのは、リビジョンアップしても部品に互換性があるルールがあることが前提だ。構成部品のリビジョンを限定する必要がある場合は、ASSY図の品目表のリビジョンは＊ではなく、やはり特定するリビジョンを記載せねばならないので、注意していただきたい。

■ 提言

　なお、このような改訂図面の枚数の削減は、図面への表記ルールの変更や、リビジョンアップルールの統一があってはじめてできることであって、ITだけでは実現できない。ルールの見直しをしないままにITを導入しても、改訂出図枚数は同じである。まずは、本来ルールはどうあるべきかを検討した後で、その効率化・安定化のためにIT化することを考える手順が大切である。

50

初級
中級　D3
上級

3Dモデル・図面が
拠点別に管理されている

3Dモデルや図面データが、拠点や事業部別に管理されていることは多い。
理想的なグローバル開発環境と課題について考察しよう。

　3Dモデルや図面が拠点別に管理されている企業は多い。近年のグローバル開発・生産の進展に伴い、これを見直す動きが活性化している。

■ 拠点別に管理される3Dモデルと図面
　グローバル企業では、日本、北米、欧州などに分散した設計拠点があり、拠点別にCADデータ管理システムとPLMシステムが導入されているケースは多い。拠点間の3Dモデルや図面の交換は、メールやFTPによるマニュアルの送受信である。これは第2章のドキュメント管理でも指摘したが、コピーによる陳腐化・情報入手のリードタイムに問題が発生しやすい。

■ 統合管理される3Dモデルと図面
　統合化の方式として、2方式を解説する。**図表50-1**は、PLMシステムだけをグローバルPLMとして統合し、CADデータ管理システムは拠点ローカル管理とする方式である。PLMの運用ルールをグローバルで共通化することが前提である。ただし、CADの物理データはCADデータ管理システムに格納されているので、それを拠点間で授受するには、グローバルPLMを通すか、マニュアル送付することが条件となる。
　図表50-2はさらに発展させ、CADデータ管理システムとPLMシステムの両方をグローバルで統合管理する方式である。CADの物理データへのアクセス時間短縮のため、CADファイルサーバだけはローカルに残し、所在をデータベースで管理する方式だ。ただし、この実現には両システム利用の運

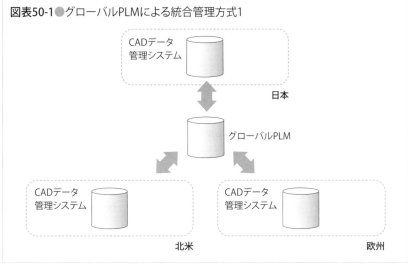

図表50-1●グローバルPLMによる統合管理方式1

CADデータ
管理システム

日本

グローバルPLM

CADデータ
管理システム

北米

CADデータ
管理システム

欧州

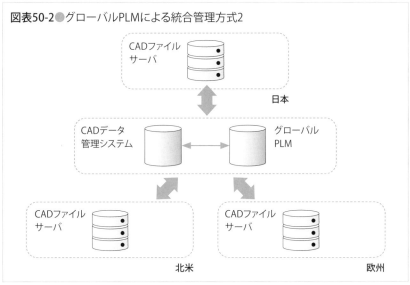

図表50-2●グローバルPLMによる統合管理方式2

CADファイル
サーバ

日本

CADデータ
管理システム

グローバル
PLM

CADファイル
サーバ

北米

CADファイル
サーバ

欧州

用ルールをグローバルで標準化することが前提条件である。拠点ローカル
ルールが多い3D設計プロセスを標準化する必要があり、その点のハードル
は高い。たが、いったん実現できれば、理想的なグローバル開発環境である
ことは間違いない。

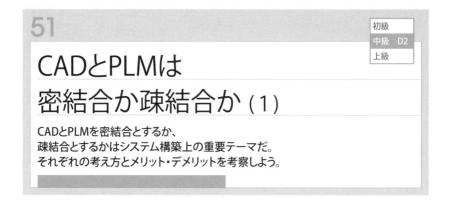

51

初級
中級　D2
上級

CADとPLMは
密結合か疎結合か (1)

CADとPLMを密結合とするか、
疎結合とするかはシステム構築上の重要テーマだ。
それぞれの考え方とメリット・デメリットを考察しよう。

　CADデータ管理システムとPLMシステムは密結合か疎結合か。これはFAQ（よくされる質問）であるが、導入側にとってはシステム構築の分岐点になるので、重大テーマだ。**51**と**52**にわたってこのテーマを解説する。

■ 密結合と疎結合の違い

　まず、一般的なシステムにおける密結合と疎結合の違いであるが、密結合は、複数システムで密な相互情報連携を図ることができる一方で、システム間の相互依存性が強く、1つのシステムのバージョンアップなどの変更が、他システムに影響を与える可能性がある。

　疎結合は、システム間の情報連携は限定的であるが、システム間の依存性は弱く、システムバージョンアップの他システムへの影響は大きくない。

　では、CADとPLMの世界ではどうなるか考察してみよう。

■ CADデータ管理システムとPLMが密結合

　CADとPLMの結合に関する議論のフォーカスは、CADデータ管理システムとPLMシステムについてである。

　3DCADとCADデータ管理システムの関係は、CADデータ管理システムが3DCADのデータを管理する専用システムであるため、必然的に密結合である。3DCADで作成したアセンブリや部品とCAD-BOM*6はチェックイン、チェックアウトにより両者の間で同期される。よって、今回の議論からは除外する。

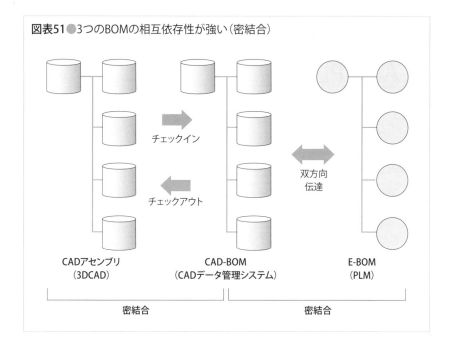

図表51●3つのBOMの相互依存性が強い（密結合）

チェックイン

チェックアウト

双方向
伝達

CADアセンブリ
（3DCAD）

CAD-BOM
（CADデータ管理システム）

E-BOM
（PLM）

密結合

密結合

第1章
第2章
第3章
第4章
第5章
第6章
第7章
第8章
第9章
第10章
第11章
第12章

3Dモデル・図面管理

　CADデータ管理システムとPLMが密結合とは、CAD-BOMとE-BOMの間で相互連携が行われる状態のことである。この場合は、CAD/PLMベンダーが両システムを統合していることが多く、CAD-BOMとE-BOMの情報連携が巧みに設計されているため、密結合が実現できるのだ。ただし、密結合であるがゆえに、3D CADを含めた3つのシステム間にはある一定のシステム間のバージョン依存性が存在する。

　図表51は、密結合の状態を各BOMの運用で例示したものである。3つのBOMはそれぞれ相互連携があり、構成を伝達できることを示す（注：ソフトウェアにより相互連携の機能性は異なるので、それぞれ確認してほしい）。

　この場合、設計者にとっては、CADアセンブリの編集結果をCAD-BOMを通してE-BOMに伝達することができるので、3DCADに向かって集中して、設計作業をすることができる。その反面、CADアセンブリとE-BOMの構造の考え方を一致させるという制約が発生する。

＊6 CAD-BOMとは、通称であり、明確な定義はあいまいであるが、一般的には、3DCADで作成したアセンブリと同じ構成を、CADデータ管理システム内に格納したものを指す。

52

初級
中級　D2
上級

CADとPLMは
密結合か疎結合か (2)

2つの結合方式はメリット・デメリットがあり、それらを整理した。
この特長を考慮し、自社に適合する方式を採択すべきだ。

CADデータ管理システムとPLMが疎結合

　CADデータ管理システムとPLMが疎結合の場合、いくつかの実装方式が考えられるが、その一例を紹介する。**図表52-1**をご覧いただきたい。

　CAD-BOMからE-BOMへの伝達は、原則一方向である。システム間のインターフェースを構築した場合は、CAD-BOMをPLMにデータ転送し、PLM内で構成編集し、E-BOMとして完成する。もっとプリミティブな疎結合の方式は、CADデータ管理システムからCAD-BOMをテキストファイルで出力し、それをテキストエディタでE-BOMに構成編集し、PLMにインポートさせる。ここで、伝達される情報は、品目、構成、図面や3Dモデルであり、E-BOMとして必要な構成要素は転送可能である。

　システム的には疎結合となるが、業務面ではCAD-BOMとE-BOMは独立しているので、自由度が高い。その一方で、その一貫性を設計者自身が担保する必要がある。「CAD-BOMとE-BOMは別」と考えている企業には適合しやすいであろう。

まとめ

　ここまでの説明を**図表52-2**に整理した。密結合と疎結合は、業務面とシステム面のメリット・デメリットがあり、自社にとってどちらが採用しやすいかという観点で選択するのが妥当だろう。

　密結合の方は、CAD-BOMとE-BOMを同一視することができるので、業務やBOMの管理をシンプルに考えることができる。システム面では、

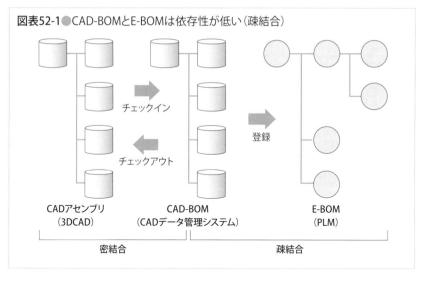

図表52-1●CAD-BOMとE-BOMは依存性が低い（疎結合）

チェックイン

登録

チェックアウト

CADアセンブリ　　　　　　CAD-BOM　　　　　　　　E-BOM
（3DCAD）　　　　（CADデータ管理システム）　　　　（PLM）

密結合　　　　　　　　　　　　　　疎結合

図表52-2●CADとPLMの連携方式の比較

| | 業務面 | | システム面 | |
	メリット	デメリット	メリット	デメリット
密結合	CAD-BOMとE-BOMを同一視できるので、管理が容易	CAD-BOMとE-BOMは原則同じ構造なので、自由度が低い	CAD/PLMベンダーが提供する機能を利用するので、連携が保証される	3DCAD、CADデータ管理システム、PLMのバージョンで制約がある場合がある
疎結合	CAD-BOMとE-BOMは独立しているので、自由度が高い	設計者自身がCAD-BOMとE-BOMの一貫性を担保する必要がある	CADデータ管理システムとPLMは疎結合なので、システムバージョンアップは非同期にできる	CADデータ管理システムとPLMのIFはカスタマイズになる可能性が高い（標準IFを活用できる場合もある）

CAD/PLMベンダーが提供するPLMソフトウェアを利用するので、システム要件を満たしていれば連携性も保証される。

疎結合の方は、CAD-BOMとE-BOMは独立しているので、それぞれ自由に作成・変更することができる。しかしその反面、設計者自身が技術的な一貫性を担保する必要がある。システム面では、CADデータ管理システムとPLMシステムはいわゆるゆるいインターフェースなので、別ベンダーのソフトウェアで構成することができるし、バージョンアップ時は非同期でよい。ただし、3DCAD、CADデータ管理システム、PLMシステムのバージョンアップ計画やインターフェースの仕様、品質は自社で決定、管理していく必要がある。

53

複数のCADデータを
E-BOMで統合管理したい

E-BOMは、機構系、電気系など複数のCADで設計されたデータを元に構成され、それらのデータを統合管理する。その連携手順について理解を深めよう。

　PLMのE-BOMは、機構や電気などの複数チームで設計されたCAD-BOMを組み合わせて作成する。ここでは、その必要性と連携手順について解説する。

複数CADとの連携性の必要性

　PLMで管理するE-BOMは製品全体を表現するが、機構設計や電気設計は、その一部であるユニットを担当する。機械部品のみで構成される製品の場合は、機構CADだけを考慮すればよいが、電気・電子部品やユニットがある場合には電気CADとの連携も必要だ。

複数CADとPLMの連携手順

　図表53は、機構CADと電気CADとPLMの連携例を示したものだ。機構設計は3Dで実施されており、その結果は機構CADのCADデータ管理システムで管理されている。また、電気設計の成果物は電気CADのCADデータ管理システムで管理されている。

　PLMに登録する手順の例を以下に示そう。例なので、システム設計の考え方で変わることが前提だ。

 1.機構設計と電気設計は、それぞれのCADデータ管理システムの中で、設計データを承認する。

 2.設計者は、CADデータ管理システムでPLMに登録するアセンブリを選択し、PLMへの転送処理を行う。

 3.PLMは転送データの自動チェックを行う。たとえば、CADで使用され

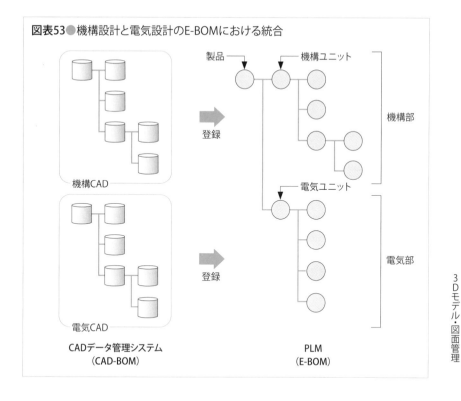

図表53●機構設計と電気設計のE-BOMにおける統合

製品　機構ユニット

機構部

登録

機構CAD

電気ユニット

電気部

登録

電気CAD

CADデータ管理システム　　　　　　　　　　　PLM
（CAD-BOM）　　　　　　　　　　　　　　　（E-BOM）

ている品番がPLM側にも存在していること、部品のライフサイクルが生産中止になっていないこと、部品が変更中になっていないことなどである。

4. チェックの結果問題なければ、PLMは取込み処理を開始する。この際にCADの3Dモデルや図面データをビューイングデータに変換し、PLMで生成されたE-BOMの部品に関連付ける。

5. 製品全体のE-BOM管理者は、機構ユニットのE-BOMと電気ユニットのE-BOMを組み合わせて、製品全体のE-BOMを編集・完成する。

また、設計変更を行う場合には、各CADで設計変更し、同様の手順でE-BOMに変更情報を伝達する。

なお、CADデータ管理システムとPLMソフトウェアのインターフェースは市販されている場合もあるので、自社の要求を満足しているか確認して活用することで、導入期間の短縮を図ることができる。

コラム6：改革コンセプトの例（開発期間の短縮）

　開発期間短縮をねらった改革コンセプト例をご紹介する。これも合宿で作成されたものだ。

　この会社の改革前の状態は、出図前はBOMがなく、出図時に初めて生産のためにBOMをデータベースとして登録するルールであった。そのため、出図前の部門横断の議論は、会議室に図面を持ち寄って、設計部門内や生産技術部門などの複数部門が集合で検討するスタイルで行われていた。

　この改革コンセプトは、設計開始時点からE-BOMを作成し、それに3Dモデルや図面を関連付けし、チーム間や部門間で技術情報を共有しながら、開発を進めるスタイルを提案したものである。改革的である理由は、以下であった。

● BOMを設計初期段階から作成する。
● BOMに対して、3Dモデルや図面、CAEの解析結果、仕様書、コスト情報を関係づける。
● PLMとBOMを用いて、コンカレント・エンジニアリングを実践する。

［コラム7（p144）に続く］

図表 ●設計BOM：チーム設計、コンカレントエンジニアリング

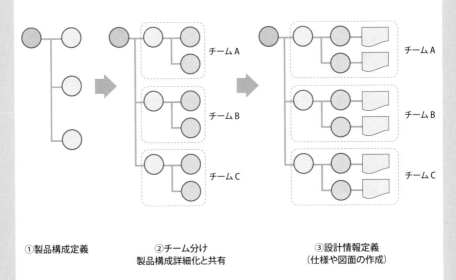

①製品構成定義　　　　②チーム分け　　　　　　　③設計情報定義
　　　　　　　　　　製品構成詳細化と共有　　　　（仕様や図面の作成）

第7章

部品番号と図面番号

部品番号と図面番号は、
PLMで扱うコードの中でもとくに重要なものだ。
本章では、部品番号と図面番号の関係性、採番方式の違いと
メリット・デメリット、品番採番プロセス、
時間とともに発生するローカルルールとその標準化の進め方、
について理解を深めていこう。

54

図面番号と部品番号の
関係性（1）

図面番号と部品番号の関係は、PLMの基礎概念として重要なテーマである。
ここでは、一図面一品番、一図面多品番モデルについて理解を深めよう。

　第7章では、部品番号（以下、品番）と図面番号（以下、図番）のあり方
について解説したい。PLM導入をきっかけに見直しをする企業も多いが、
品番に関する課題としては、品番の枯渇、製品や部品バリエーション増加対
応、トレーサビリティ強化、品番のローカルルール（個別最適化）による全
体最適の阻害などがあげられる。

　ここでは、これらの課題を解決していくにあたり、品番と図番に関する基
礎知識について解説する。具体的には以下である。

　1.図面と品番の関係性（54、55）

　2.意味無品番と意味有品番（56、57）

　最初に、図面と品番の関係性から確認していこう。

■■ 一図面一品番モデル

　ここでいう関係性とは、図面と品番の一対一や一対多などのリレーション
のことである。一品一葉ともいうが、本書ではPLMのリレーションを意識
して、一図面一品番という言い方で統一する。

　図表54-1は一図面一品番モデルを示す。これは従来からある図面と品番の
関係であり、管理が容易で、間違いが起きにくいというメリットがある。た
とえば、部品を発注する際に、品番と同じ図番の図面を参照して発注や検査
を行えばよい。サプライヤにとっても、このメリットは同じである。

　しかし、近年の製品や部品のバリエーション増加、多拠点生産や複数社購
買など、トレーサビリティの強化を図る必要性が高まっており、一図面一品

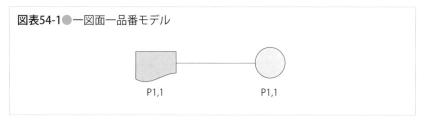

図表54-1●一図面一品番モデル

P1,1　　　　　P1,1

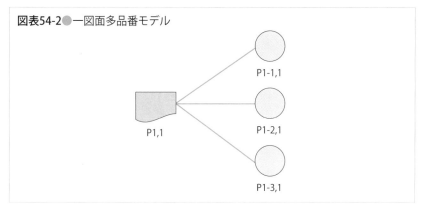

図表54-2●一図面多品番モデル

P1-1,1

P1,1

P1-2,1

P1-3,1

番は、ある意味限界に来ているともいえる。

一図面多品番モデル

図表54-2は一図面多品番モデルであり、一図面一品番モデルの問題を解決したものである。図を見てわかるように、1つの図面から複数の品番が発生している。用途としては、エンジニアリング派生と、サプライチェーン派生の2種類が存在する。

エンジニアリング派生は、技術的な仕様違いのバリエーションのことであり、一図面でありながら、色柄違い、長さ違い、組込みソフトウェア違いなどの部品バリエーションを表現できる。

一方、サプライチェーン派生は、金型、サプライヤ、生産拠点などの違いを、同じ図面でありながら、派生品番でサプライチェーンの違いを視認できるようにしたものである。

一図面多品番は、図面枚数を増やさないでバリエーション品番を設定する解決策である。

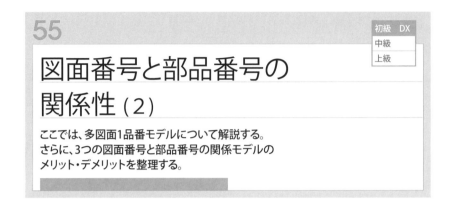

55

図面番号と部品番号の関係性（2）

ここでは、多図面1品番モデルについて解説する。
さらに、3つの図面番号と部品番号の関係モデルの
メリット・デメリットを整理する。

ここでは、もう1つの関係性である多図面一品番モデルを解説し、各方式の比較をまとめたい。

多図面一品番モデル

一応網羅的に図面と品番の関係を説明するために、多図面一品番方式を解説するが、この方式で管理する企業は少なく、現在のトレンドには逆行しているので、参考として捉えていただきたい。

図表55-1を見るとわかるが、この関係性では、図面がリビジョンアップしても、品番はリビジョンアップする必要がない。

このモデルのメリットは、BOMの変更頻度が少ないことである。54（P130）の2つのモデルでは、図面が改訂されたときにBOMのリビジョンアップをしなければならないが、本モデルではそれが不要となる。

ただし、品番だけでは履歴を把握できないので、トレーサビリティに課題が生じる。その対策として、ロットトレース*¹を併用してトレーサビリティ強化を図るなどの対応が必要となる。

図面と品番の関係モデルの比較

図表55-2に3つの関係モデルのメリット・デメリットをまとめた。

一図面一品番モデルは従来からある方式で、図面番号と部品番号が一致しているので管理が容易である。たとえば、部品番号で発注すれば、図面が一意に特定できるというメリットがある。ただしバリエーションの表現ができ

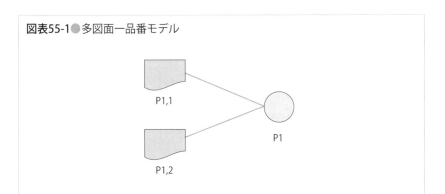

図表55-1●多図面一品番モデル

P1,1

P1,2

P1

図表55-2●図面と品番の関係性におけるメリット・デメリット

関係性	メリット	デメリット
一図面一品番	品番と図番が一致しているので、管理が容易（品番による発注の間違いがないなど）	部品バリエーションを表現するために、バリエーション分の図面が必要
一図面多品番	図面枚数の削減が可能。図面の集約化など	BOMのメンテナンス負荷が高い 部品調達時、PLMなどを利用して品番から図面を特定する必要がある
多図面一品番	図面変更しても、BOMの改訂頻度は低い	BOMでトレーサビリティを確保するのが困難（ロットトレースなどの対策が必要）

ないので、バリエーションの分だけ図面を作成しなければならない。

　一図面多品番モデルは、上記の問題を改善したものである。複数のバリエーション部品を1枚の図面で表現できるので、図面の枚数が削減できる。ただし、品番が増えた分だけBOMのバリエーションは増えるので、BOMの管理負荷は上昇する。

　多図面一品番モデルは、BOMのメンテナンス負荷を最小化する方式である。BOMの管理負荷を低減する効果はあるが、品番で履歴を捉えることができないので、トレーサビリティに課題が生じる。図面がどこで改訂されたのかについては、ロットトレースなど、別の手段で追跡する必要がある。

　品番や図番を見直しする際には、この基本概念を念頭に、自社への導入のしやすさ、自社の問題が解決可能であるかを考慮して決定する必要がある。

＊1 製品や部品に対してロット番号を記録して管理し、ロット番号を追跡可能にすること。問題発生工程の特定などに利用される。

意味無品番と
意味有品番（1）

ここからは品番桁の意味有、意味無について解説する。
大きく分類し、3つのタイプがあるので、その特長について理解を深めていこう。

　皆さんの会社でも、品番の意味無・意味有について、一度は議論をしたことがあるのではないだろうか。56と57では、これらの品番ルールの特長とメリット・デメリットについて解説していく。

意味無品番

　図表56-1に典型的な意味無品番の例を示す。意味無品番は品番に特別な意味を持たせず、品番を単なる連番として表現するものである。

　意味無品番といっても、この例では品番としての機能を果たすための桁設定はされている。順に説明しよう。

　1桁目は固定の値である。これは、事例企業において旧品番と絶対に重複しないための工夫である。可能であるならばなくしてもいい桁である。

　2〜7桁目は意味無のシリアル番号である。何も知らないと、この番号を見ただけでは部品の分類や使用箇所などを推測することはできない。

　8〜9桁目はリビジョン2桁である。品番なので、やはり履歴管理は必要である。

　品番は意味がない代わりに、スペック分類や部位分類はPLMの品目属性として設定されている。具体的な使用方法としては、

1. PLM上で品番から、スペックや部位などの属性値を把握する。
2. 現品票に品番とサブコード（品目属性を意味有コード化したもの）を記載することで、部品特性の視認性を高める。
3. 現品票上のバーコードを読み取ることで、タブレット上に部品の属性を

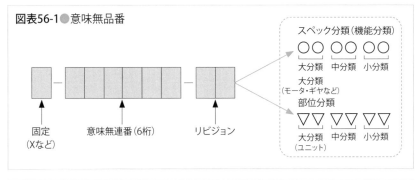

図表56-1●意味無品番

スペック分類（機能分類）

大分類　中分類　小分類

大分類
（モータ・ギヤなど）

部位分類

大分類　中分類　小分類
（ユニット）

固定
（Xなど）

意味無連番（6桁）

リビジョン

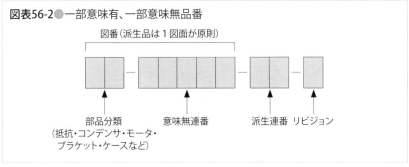

図表56-2●一部意味有、一部意味無品番

図番（派生品は1図面が原則）

部品分類
（抵抗・コンデンサ・モータ・
ブラケット・ケースなど）

意味無連番

派生連番　リビジョン

　表示する（**図表47-2参照**）。

　などの使い方がある。

　メリットは桁数を短くできることである。デメリットは、品番による視認性が低下することから、それを補完する手段が必要であることだ。

■■■ 一部意味有、一部意味無品番

　図表56-2は、意味有と意味無桁を合成したハイブリッド型の品番例である。最初の2桁は部品分類、3〜7桁は意味無連番、8〜9桁は1〜7桁目で規定された図面番号のバリエーションを示す桁である。10桁目はリビジョンを示す。

　これはとてもポピュラーな品番方式であり、採用している企業は多い。その企業にとってとくに視認性が必要な情報だけを品番に表示し、それ以外を意味無連番にして、全体の桁数を抑制することができる。

　メリットは桁数の抑制と視認性の確保の両立であるが、デメリットは意味無品番と同様に情報に関する補完手段が必要であることだ。

57

意味無品番と
意味有品番（2）

ここでは、意味有品番とコードの原則について解説する。
最後に、品番ルールのタイプを比較し、
品番ルールについての理解を深めていこう。

意味有品番

　図表57-1は意味有品番の例である。この例では、製品分類、部品分類、左右・色違い、工程コード、機種タイプの意味有桁が14桁設定されている。最後の2桁はリビジョンである。

　このルールのメリットは、視認性が良いことであろう。その企業のユーザが要求する頻度の高い情報が品番に埋め込まれているので、品番の情報を目視することで業務を遂行できる。

　一方デメリットは、品番が長いことだ。前述した2方式と比較しても、それは一目瞭然だろう。また意味有桁が、企業の環境変化とともに枯渇・陳腐化する可能性がある。たとえば、製品分類が現時点で有効であったとしても、将来体系や桁数が変わる可能性がある。工程コードや機種タイプについても同様だ。

コードの原則

　ERP導入時に従業員、組織、サプライヤなどのコードを一斉に見直す場合があるが、そのときに用いられるコードの原則を以下に示す。品番や図番もコードの1つなので、これに則ることを推奨する。

1.環境変化に左右されず、過去〜将来にわたって可能な限り「一元性の原則を保証」できる。
2.コードに「固定的意味を持たせず」、変動項目はすべて「属性」として扱う。
3.「1物1コード」の原則。

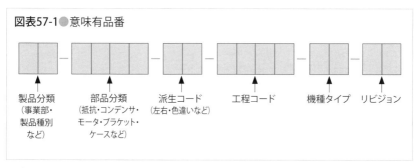

図表57-1●意味有品番

製品分類
（事業部・
製品種別
など）

部品分類
（抵抗・コンデンサ・
モータ・ブラケット・
ケースなど）

派生コード
（左右・色違いなど）

工程コード

機種タイプ

リビジョン

図表57-2●部品番号ルールの比較

方式	特徴	メリット	デメリット	適用企業
意味無品番	1物をユニークに識別することだけに役割を果たす	桁数が少なく、事務処理効率・正確性が高い 将来への拡張性が高い 採番自動化容易 グローバル製造業での運用実績	コードによる分類ができない 品番だけによる視認性がない 意味や分類は属性コード併用で補完	多数の事業を有する大手グローバル製造業
一部意味有・一部意味無のハイブリッド	意味無連番と意味有コードの組合わせで構成	視認性と情報処理効率化の両立 金型や生産地違いなど、トレーサビリティ対応を品番で表現 基本的なコード分類が可能	意味や分類は不完全 採番自動化コスト発生 事業環境変化による品番体系見直しの発生リスク	複数の事業を有する中堅グローバル製造業
意味有品番	コードに意味を持たせ、それ自体で分類や意図を伝達	視認性が高い	桁数が長くなる 事業環境変化により管理が困難化 品目数増加による品番枯渇 採番自動化開発コスト大	事業数が少ない中堅製造業

■ 品番ルールの比較

図表57-2は、ここまで述べたことの整理である。

意味無品番は桁を短くできるが、視認性の問題がある。多数の事業部を持つグローバル企業での活用が考えられる。事業部や事業会社個別の要求の違いは、すべて属性で吸収するという考え方である。

一方、意味有品番は視認性は良いが桁が長い、環境変化に弱い、枯渇しやすいといった短所がある。ITが浸透していなかった時代では有効であっても、DX時代では古い思想といわれてもおかしくない。

ハイブリッド型は両社の「良いとこ取り」をしたものである。大企業から中堅企業まで使いやすい品番ルールといえるだろう

58

図面番号と部品番号が
同じであることの弊害

ここでは、バリエーションやトレーサビリティ強化対応を目的とした、
一図面多品番モデルについて、具体例を用いて理解を深めていこう。

■■■ 一図面一品番モデルの問題点

54（p130）で、図番と品番が一致しているモデルの説明をした。そのメリットは、管理が容易で、現場オペレーションで間違いが起きにくいことである。

その反面、製品や部品バリエーションの増加、海外含めた多拠点生産や複数社購買の増加があると、BOM管理は複雑化する。

一方、リコール対策として、問題原因特定の容易化を目的とし、トレーサビリティの強化要求が高まっている。品番をサプライヤや生産拠点別に管理すればよいのだが、一図面一品番ルールの場合、図面枚数が増加する。

■■■ 一図面多品番モデルの例

その解決策として、品番ルール改訂時に導入する企業が多いのが、**図表58**に示した一図面多品番モデルである。

まず、上の図面番号を見ていただきたい。最初の8桁はリビジョンを除いた図面番号、9～10桁は図面のリビジョンであり、図面改訂ごとに繰り上げられる。

次に下の部品番号は、一図面に対する部品バリエーションを設定した品番例を示す。最初の8桁は図番と共有しているが、9～10桁は図面に対する部品の派生コードであり、01、02のように設定される。ここには、エンジニアリング派生だけでなく、サプライチェーン派生も設定できる。生産拠点、金型、サプライヤなどの違いに対し、派生品番を設定するのだ。

そして、最後の2桁はリビジョンである。図面変更に対して、影響を受け

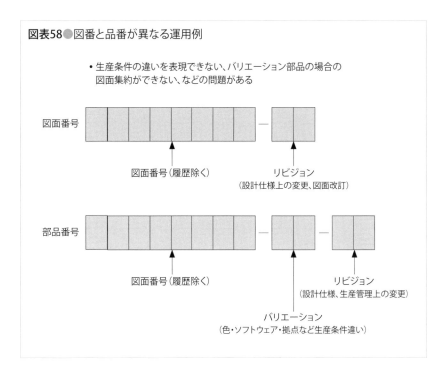

図表58●図番と品番が異なる運用例

・生産条件の違いを表現できない、バリエーション部品の場合の
図面集約ができない、などの問題がある

図面番号

図面番号（履歴除く）

リビジョン
（設計仕様上の変更、図面改訂）

部品番号

図面番号（履歴除く）

リビジョン
（設計仕様、生産管理上の変更）

バリエーション
（色・ソフトウェア・拠点など生産条件違い）

る部品が異なる場合、部品リビジョンと図面リビジョンは一致しないことがある。また、生産管理上の変更とも記載されているが、これはサプライヤや生産拠点、金型などの品質管理項目が変更された場合に、繰り上げることを想定したものである。

　いずれにしても、発注時には、調達計画から指示された品番に対し、PLMシステムのリレーションで図面特定し、サプライヤに依頼をかける必要がある。

■ メリットと前提条件

　以上をまとめると、このモデルのメリットは、図面枚数の増加なしで、製品・部品バリエーションに対応し、トレーサビリティの強化を図れることだ。また、その前提条件として、PLMシステムで品番と図番のリレーションを管理し、設計・生産現場では図面の正確な特定など、オペレーションミスが起きないようにする必要がある。

59

品番採番を
台帳管理している

品番の採番は、PLMシステムを用いると、
自動化や一元管理といった効果を見込める。
ここでは、PLMを用いた採番プロセスについて、理解を深めていこう。

品番採番プロセス

　品番採番をエクセルなどで台帳管理する場合、技術管理部門などが企業全体の採番要求を一手に引き受けることになる。まず、設計部門は、採番要求帳票を用いて技術管理部門に依頼する。それを受けて技術管理部門は発番し、台帳に記入する。そしてその結果を、設計部門に連絡するというプロセスを踏む必要がある。

　PLMシステムを用いた品番採番プロセスでは、PLMシステムが提供する品番採番サーバを利用する。**図表59-1**のように、ユーザは、サーバに向かって採番要求を出し、結果を入手するだけである。方法は以下の2種類だ。

1. ユーザがCAD画面上で品番採番要求を出す方法である。結果は、未採番の3Dモデルの品番のフィールドに直接採番結果が戻ってくる。ユーザはCAD画面上で作業し、品番採番を行うPLMシステムはバックグラウンドで動いているイメージだ。

2. PLMシステム画面上で部品名称やスペック属性などを入力し、複数の品番をまとめて採番する方式である。結果をダウンロードし、3Dモデルやε-BOMの品番フィールドにマニュアルで記入する。

　どちらの方法でも、管理部門の介在なしで品番採番ができるようになるので、工数削減や処理リードタイム短縮に貢献可能である。

品番採番のコントロール

　品番採番サーバを利用することは業務効率向上に貢献するが、新規品番採

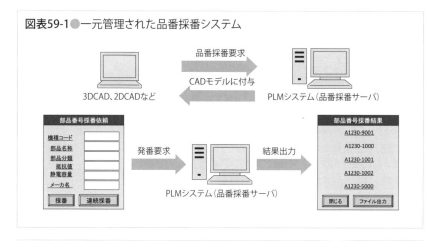

図表59-1●一元管理された品番採番システム

品番採番要求

CADモデルに付与

3DCAD、2DCADなど　　　PLMシステム（品番採番サーバ）

部品番号採番依頼

機種コード
部品名称
部品分類
抵抗値
静電容量
メーカ名
採番　連続採番

発番要求　→　PLMシステム（品番採番サーバ）　→　結果出力

部品番号採番結果

A1230-9001
A1230-1000
A1230-1001
A1230-1002
A1230-5000

閉じる　ファイル出力

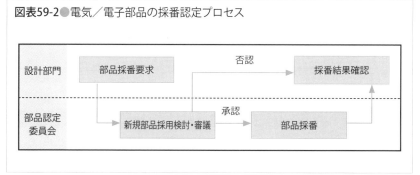

図表59-2●電気／電子部品の採番認定プロセス

設計部門　　部品採番要求　　　否認　　採番結果確認

部品認定
委員会　　新規部品採用検討・審議　　承認　　部品採番

番の乱用につながることが懸念される。とくに電気・電子部品などで、同じスペックの部品を別品番で採番することは、調達や在庫面でコストや管理負荷増大につながり、無駄なコストの要因となる。

　電気・電子部品の採番については、**図表59-2**のように部品認定委員会のようなゲートを設けて、新規部品採用や採番を統制する企業が多い。

　設計部門は、新規採用したい部品に関する採番要求を出す。部品認定委員会は、この要求に対して、既存部品での対応、より高品質、低コストである代替案の提案を行い、採否の結論を出す。新規部品を採用する場合は、PLMシステム上で採番し、設計部門にフィードバックする。

　採番サーバは効率化に貢献できる効果はあるが、組織的なコントロールも並行して実施する必要があるというわけだ。

60

部品番号上に
ローカルルールが多い

もともとは全社で統一した品番ルールであったとしても、時間の経過に伴い、
事業部や生産拠点でローカルルールが作成されていることがある。
それにより生じる問題と対策について理解を深めよう。

　事業部や生産拠点において、それぞれの都合や個別最適の利便性を求めて
品番のローカルルールが作成されていることが多い。しかし、事業部や拠点
で横断利用する統合PLMシステムを導入する際に品番のローカルルールは
問題になる。ここでは、その対策について解説する。

■ ローカライズされた品番採番ルール

　図表60-1は、4つの事業部と関連工場を持つ企業において、統合PLMを
検討した際の品番採番ルールに関する現状分析結果である。この結果は、品
番上の多くのローカルルールが存在していることを示している。

　各事業部の技術管理部門の代表者は、このまま統合PLMシステムを導入
したとしても、品番ルールがバラバラなので、事業部別の採番機能の開発
の必要性や、部品やASSYの相互利用に問題があると考えた。そして、統合
PLMシステムの導入検討の前にタスクフォースを立ち上げ、採番ルールの
見直しと標準化に乗り出した。

■ 品番に残す情報と属性化する情報

　図表60-2は、タスクフォースが品番ルールの標準化方針を決めるために検
討したワークシートである。

　左から1列目は、品番桁の使用方法を示す。2列目と3列目は、設計また
は生産工場のどちらで使う情報なのかを示すフラグ、4列目から7列目は、
各事業部と工場での使用状況を記入した。8桁目の標準化方針は議論した結

図表60-1●各事業部と関連工場の部品番号の採番ルール

桁	1	2	3	4	5	6	7	8	9	10	11	12	13	14	15
	設計が定義										生産工場が定義				
A事業部 F工場	機種番号				連番				バリエーション	履歴	発売年	手配先	生産計画用	工程	
B事業部 G工場	機種番号				部品分類				色 LR	履歴	仕向け	ノックダウン	ラベル識別		
C事業部 H工場	顧客番号	製品区分	機種番号		部品分類				色	履歴	手配先	仕向け	生産計画用		
E事業部 J工場	製品区分	機種番号			連番				履歴		手配先	KD	ラベル識別		

図表60-2●部品番号の桁の使い方と標準化方針

桁の使い方	設計用	生産用	A事業部 F工場	B事業部 G工場	C事業部 H工場	E事業部 J工場	標準化方針
機種番号	○		○	○	○	○	
顧客番号	○				○		属性化
製品区分	○				○	○	属性化
連番	○		○			○	○
部品分類	○			○	○		属性化
設計用バリエーション	○			○		○	○
色	○			○	○		属性化
LR	○			○			属性化
履歴	○		○	○	○	○	○
発売年		○	○				属性化
仕向け		○		○	○		属性化
手配先		○	○		○	○	属性化
ノックダウン／KD		○		○		○	属性化
生産計画用		○	○		○		属性化
ラベル識別		○		○		○	属性化
工程		○	○	○			属性化
生産用バリエーション		○					○

果である。品番に残す情報には○を、品番には残さず属性化する情報は属性化とした。

　検討の結果、品番に残す情報は機種番号、連番、リビジョン、設計バリエーション、生産用バリエーションだけとし、それ以外は属性化することで合意することができた。品番上では、視認上、最低限必要な情報だけを残し、極力属性化することを優先したことがポイントである。

コラム7：改革コンセプトの例（原価企画）

合宿で作成された原価企画の改革コンセプトについてもご紹介しよう。

図は、BOMを用いた原価企画のイメージである。この企業では、従来から原価企画はもちろん実施されていたが、設計担当者が独自フォーマットのEXCELで計算していて、企業レベルで明細を把握することができていなかった。そのため、目標達成のための対策が遅れてしまったり、出図時点で目標未達成となることも多かった。

この改革コンセプトでは、設計初期段階からE-BOMを作成し、それに商品企画に基づいた目標コストを部品に分解した単位で属性管理する。見積用の図面が作成されると、見積値が属性管理され、E-BOMを用いて随時集計することが可能になるという仕組みが提案されている。

改革的な理由は、以下であった。
- ●設計初期段階から、E-BOMを作成する。
- ●E-BOMの品目属性に、目標、見積、実績の各コスト情報を管理する。
- ●E-BOMを用いて、製品別集計を随時実施することができる。
- ●製品別集計結果を用いて、全製品で定期的にコストフォローされる。

［コラム8（p156）に続く］

図表 ●設計BOM：原価企画と技術情報管理

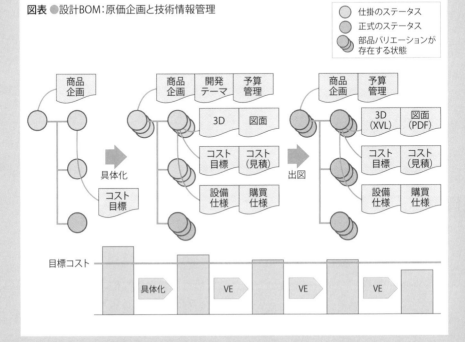

第8章

製品開発プロジェクト管理

従来、エンジニアリング産業を中心に導入されてきた
PLMのプロジェクト管理であるが、
近年、自動車業界で導入される事例が増加している。
背景にあるのは、自動車業界の品質規格だ。
本章では、PLMのプロジェクト管理の基本概念、
プロジェクト管理による開発プロセスの標準化方法、全体俯瞰と
詳細の両方を把握できる進捗管理方法について解説する。

	初級 D2
	中級
	上級

プロジェクト管理の
基本 (1)

近年、脚光を浴びるプロジェクト管理であるが、その背景と、
PLMでプロジェクト管理を実施する意義について理解を深めよう。

　従来、PLMで製品開発プロジェクト管理を実践する企業はエンジニアリング産業中心で、それほど顕著ではなかったが、近年は自動車業界を中心に増加傾向にある。

　その背景として、ドイツ自動車工業会の品質マネジメント規格（VDA規格）の中で、プロジェクト管理のプロセスがVDA6.3の「プロセス監査」の質問事項（**図表61-1**参照）に明記されたことが挙げられる。これにより、欧州の自動車業界と取引する企業はこのプロセスへの対応必然性が高まった。

　また、VDAの技法が自動車業界の品質マネジメントシステム規格であるIATF16949規格に多く引用されるようになり、従来アメリカ中心であった品質規格がドイツ寄りになったとされる[*1]。これらのことが、PLMにおけるプロジェクト管理の注目度が高くなった理由だと推察している。

■■■ PLMの開発プロジェクト管理

　製造業を取り巻く環境は変化しているが、PLMベンダーはPLMソフトウェアの一部であるプロジェクト管理機能の強化を従来から継続している。各ソフトウェアで実装方法は異なるが、第8章では、PLMのプロジェクト管理の基本的なコンセプトについて解説したい。

　まずは、もっともプリミティブな要素であるタスクとその関連要素を**図表61-2**に示した。一般的に、プロジェクトのタスク構造はWBS（ワーク・ブレークダウン・ストラクチャー）と呼ばれる。タスクはWBSの最小単位であり、その上位はフェーズ、最上位はプロジェクトである。

図表61-1●VDA規格プロセス監査の質問票（プロジェクト・マネジメント）

要素No.	質問事項	注1	注2	評価結果
P2	プロジェクトマネジメント			
2.1	プロジェクトマネジメントは、組織化され確立されているか？	○		
2.2	プロジェクト開発の資源は、計画され、利用可能で、変更が報告されているか？	○		
2.3	プロジェクト計画が、作成され、顧客に合意されているか？	○		
2.4	先行製品品質計画は、プロジェクトにおいて実施され、適合性が監視されているか？	○		
2.5*	プロジェクト購買活動が実施され、適合性が管理されているか？	○		
2.6*	変更管理は、プロジェクト組織によって確実に行われているか？	○		
2.7	上申プロセスが、確立され、効果的に実施されているか？	○		

岩波好夫『図解IATF16949 VDA 規格の完全理解』,日科技連出版社,2020,P11 を参考に記述

図表61-2●プロジェクト管理タスクのデータモデル

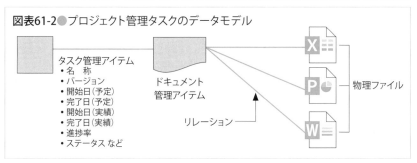

WBSの管理だけであればMicrosoft Projectなどのプロジェクト管理ツールで十分だが、PLMソフトウェアでは、タスクに関連したドキュメントの管理と、履歴管理ができることが特長だ。

図表61-2は、タスクにドキュメント管理アイテムが関連付けられ、管理アイテムにドキュメントの物理ファイルが関連付けられている状態を示す。タスクとドキュメントのリレーションにより、製品開発プロジェクト・ドキュメント（顧客から発行されたRFP、原価見積書、製品企画書などのような文書）の構造的な管理が可能になる。

また、タスクの履歴管理であるが、他のPLMのアイテムと同様に、タスクもバージョンの概念も持っている。これにより、上記VDAのプロセス監査の質問事項にある変更管理（2.2と2.6）に対応することができる。これは、PLMソフトウェアでプロジェクト管理を実施する意義を高めている。

＊1 岩波好夫『図解IATF16949 VDA規格の完全理解』、日科技連出版社、2020,P11を参考に記述

62

プロジェクト管理の
基本 (2)

プロジェクトの変更管理をサポートするためのタスクの履歴、
プロジェクトの進捗管理の精度や効率を向上する考え方について理解を深めよう。

■■ 履歴とライフサイクル

　図表62-1の左図は、タスクの履歴管理、バージョンの概念を示す。これは、ドキュメントのバージョンアップの概念と同様で、チェックインとチェックアウトを繰り返すことで新しいバージョンの生成が可能だ。

　右図は、タスクのライフサイクルである。作業中であったタスクを承認依頼し、承認することでタスクを開始可能にすることができる。そして、タスクはユーザが作業開始すると実施中となり、作業が完了すると完了になる。ドキュメント管理と異なる点は、タスクが承認されると正式ではなく開始可能になることだ。これは、タスクは承認されて完成ではなく、タスク自身の作業が終了して完了になるからである。

　また、開始可能以降のタスクをチェックアウトし、新しいバージョンのタスクを生成することができる。これは、タスクの修正作業を、実施中のタスクとは別で検討できるようになることを意味する。

■■ WBS全体像と進捗管理のプロセス改善

　図表62-2は、WBSの全体像を示したものである。ドキュメントも関連付けられていて、一見E-BOMのようにも見える。E-BOMを中核とした技術情報管理は、PLMにおける1つの管理軸であるが、WBSもプロジェクトを中心とした管理軸になり得る。ASSYや部品に関連付けて管理する方法がしっくりこないドキュメントは、WBSに関連付けるとすっきりと管理できることが多い。

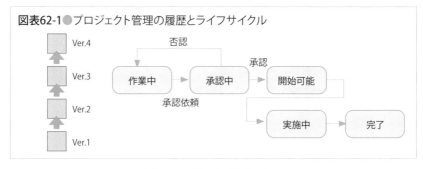

図表62-1●プロジェクト管理の履歴とライフサイクル

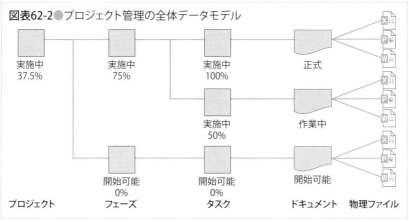

図表62-2●プロジェクト管理の全体データモデル

もう1つの特長は、進捗管理のプロセス改善だ。これは、PLMソフトウェアが普及し始めた2000年くらいからある考え方であるが、タスクに関連付けられたドキュメントのライフサイクルに連動して、タスクの進捗率を自動的に更新するのである。タスクの進捗入力が担当者任せだと、入力を忘れることで全体の進捗率の精度が下がる。つまり、ドキュメントの完成とタスク進捗率を自動連動することで、進捗管理の精度を高めようとしているのだ。

例で説明しよう。**図表62-2**で示した上段のドキュメントのライフサイクルは正式（完成済）なので、関連するタスクの進捗率は100%、中段のドキュメントは作業中なので50%、下段は開始可能（未着手）なので0%である。

ただし、この進捗管理モデルは、PLMソフトウェアが持つ自動連携機能や設定に大きく依存するので、担当ベンダーのSEと相談しながら、実装方法を決定していただきたい。

63

開発プロセスが
標準化されていない

**製品開発プロジェクトは、プロセスだけでなく、リードタイムや要員数、
アウトプットも標準化すべきである。そのポイントを解説する。**

　自社のQMS*²で基本となる開発プロセスは規定されているが、リードタイムや工数見積が、プロジェクト・マネージャーによって異なるという話をよく聞く。ここでは、PLMを用いた開発プロセスの標準化とその改善方法について解説する。

■ 開発プロセステンプレート

　図表63-1は、開発プロセスの標準を規定した開発プロセステンプレートの例である。ここでは、WBS、標準リードタイム、標準要員数、ドキュメントの雛形が規定されている。そして、開発プロセステンプレートはプロジェクトの規模や新規性によって複数種類が準備される。

　これをプロジェクト・マネージャーが計画立案する際に利用することにより、タスク、リードタイムや工数見積のばらつきをなくすのだ。

　そして、技術管理部門はこれらのテンプレートを管理し、改善事項があればリビジョンアップしていく。テンプレートの改善のプロセスを次に解説しよう。

■ 開発プロセステンプレートの改善

　開発プロセステンプレートは作成したら完成というわけではなく、プロジェクトが終わるたびにフィードバックをかけ、改善する必要がある。プロジェクトが終了したら、Lessons Learnedと呼ばれる教訓をまとめるミーティングを行い、テンプレートへのフィードバック事項をまとめる。

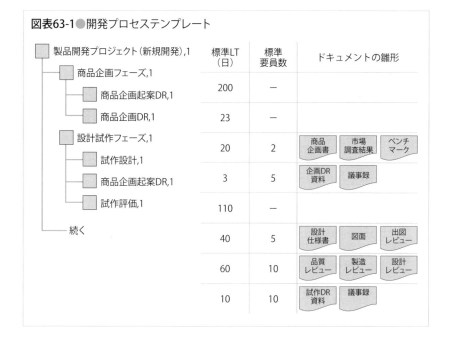

図表63-1●開発プロセステンプレート

	標準LT（日）	標準要員数	ドキュメントの雛形
製品開発プロジェクト（新規開発）,1			
商品企画フェーズ,1	200	－	
商品企画起案DR,1			
商品企画DR,1	23	－	
設計試作フェーズ,1	20	2	商品企画書　市場調査結果　ベンチマーク
試作設計,1	3	5	企画DR資料　議事録
商品企画起案DR,1			
試作評価,1	110		
続く	40	5	設計仕様書　図面　出図レビュー
	60	10	品質レビュー　製造レビュー　設計レビュー
	10	10	試作DR資料　議事録

　図表63-2は、テンプレートを活用した開発プロジェクトのPDCAサイクルを示す。計画を立案する（PLAN）、プロジェクトを実施する（DO）、リードタイムや工数、その他に関する計画と実績のGAPを分析する（CHECK）、改善点をテンプレートにフィードバックする（ACTION）のサイクルである。

　62（p148）で「タスクは履歴管理できる」ことを説明したが、その考え方を活かして、テンプレートもバージョンアップし、承認により正式化する。そして、次のプロジェクトではバージョンアップされたテンプレートを用いて、より改善された計画を立案できるのだ。

　この図の例では、リードタイムや工数のフィードバックだけでなく、各DRでコンプライアンス評価というアウトプットを追加している。これは、従来プロジェクト単位で実施していた業界の要求規格対応タスクを、標準プロセスに組み込んだ結果である。

＊2 QMSとはQuality Management Systemの略で、組織が顧客に対して提供する製品やサービスの品質を継続的に改善していく仕組みのこと。（出典：「QMS（品質管理システム）とは？ わかりやすく解説」、ISOプロ、＜https：//activation・service.jp/iso/column/2001＞、最終アクセス2021年8月30日）

図表63-2●開発プロセステンプレートの改善サイクル

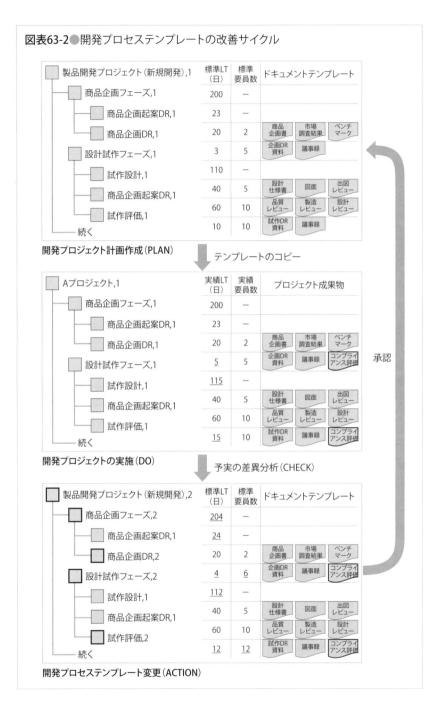

製品開発プロジェクト（新規開発）,1	標準LT（日）	標準要員数	ドキュメントテンプレート		
商品企画フェーズ,1	200	−			
商品企画起案DR,1	23	−			
商品企画DR,1	20	2	商品企画書	市場調査結果	ベンチマーク
設計試作フェーズ,1	3	5	企画DR資料	議事録	
試作設計,1	110				
商品企画起案DR,1	40	5	設計仕様書	図面	出図レビュー
試作評価,1	60	10	品質レビュー	製造レビュー	設計レビュー
続く	10	10	試作DR資料	議事録	

開発プロジェクト計画作成（PLAN）

テンプレートのコピー

Aプロジェクト,1	実績LT（日）	実績要員数	プロジェクト成果物		
商品企画フェーズ,1	200	−			
商品企画起案DR,1	23	−			
商品企画DR,1	20	2	商品企画書	市場調査結果	ベンチマーク
設計試作フェーズ,1	5	5	企画DR資料	議事録	コンプライアンス評価
試作設計,1	115	−			
商品企画起案DR,1	40	5	設計仕様書	図面	出図レビュー
試作評価,1	60	10	品質レビュー	製造レビュー	設計レビュー
続く	15	10	試作DR資料	議事録	コンプライアンス評価

開発プロジェクトの実施（DO）

承認

予実の差異分析（CHECK）

製品開発プロジェクト（新規開発）,2	標準LT（日）	標準要員数	ドキュメントテンプレート		
商品企画フェーズ,2	204	−			
商品企画起案DR,1	24	−			
商品企画DR,2	20	2	商品企画書	市場調査結果	ベンチマーク
設計試作フェーズ,2	4	6	企画DR資料	議事録	コンプライアンス評価
試作設計,1	112	−			
商品企画起案DR,1	40	5	設計仕様書	図面	出図レビュー
試作評価,2	60	10	品質レビュー	製造レビュー	設計レビュー
続く	12	12	試作DR資料	議事録	コンプライアンス評価

開発プロセステンプレート変更（ACTION）

初級	
中級	
上級	DX

プロジェクトの可視化がされていない

製品開発プロジェクトの進捗管理は、全体的な俯瞰と、プロジェクト単位の詳細把握の2段階が必要だ。プロジェクトの可視化について理解を深めていこう。

　経営幹部からのFAQとして、「プロジェクトが数多く走っていて、どこで問題が発生しているの見えない」「リソースの過不足が見えないので、新しいプロジェクトを受注していいのかどうか判断がつかない」などのプロジェクトの可視化に関する相談が多い。

　そのようなときには、次のような2段階のプロジェクトの可視化方法を提案している。それについて解説しよう。

■ プロジェクト・ダッシュボード

　現在進行中プロジェクトの全体俯瞰のイメージを示すのが、**図表64-1**のプロジェクト・ダッシュボードであり、1段階目の可視化方法だ。全体状況を示す端的な指標は、プロジェクトに対する○、△、×で示す評価を見るとすぐにわかる。この例では、達成率が120%以上なら○、80〜120%の範囲なら△、80%未満なら×として評価している。

　また、各プロジェクトの顧客や現在のフェーズ、プロジェクトの終了予定日、PMなどのプロジェクトのプロファイル情報だけでなく、コストに影響する工数、品質に影響するテスト件数や課題件数についても、このダッシュボードから全体を俯瞰し、概略をつかむことができる。

　この図で顕著にわかるのは、Aプロジェクトの進捗評価が×、実績進捗率が23%であり、達成率が64%であることだ。経営幹部は、プロジェクトの概略をこのダッシュボードからつかんでプロジェクト・マネージャーと相談し、短時間で必要な対策を打つ判断ができたのである。

■■■ 各プロジェクトへのブレークダウン

　2段階目の可視化方法があるが、プロジェクト・ダッシュボードのプロジェクト名にリンクが設定されており、それをクリックすると、各プロジェクトのWBSベースの進捗管理画面に飛ぶように設定されている。**図表64-2**はダッシュボードからリンクが設定されたAプロジェクト（**図表64-1**ではA-PJと表記）のWBSとその進捗状況を把握するための画面である。また、コストや品質に関する情報は、別のデータベースで管理しているので、そちらに飛んで確認するように設計されている。

　図表64-2の1行目プロジェクトのサマリータスクであるが、プロジェクト全体の進捗率が23％であることはここからも確認できる。そして、各タスクの日程の予実を確認してみると、商品企画起案DRの終了が5日遅延したことが、後続タスクを遅らせる原因になっていたことが判明した。経営幹部は、プロジェクト・マネージャーと相談し、この後のタスクで挽回できるように、リソース投入やプロジェクトの優先度の調整で対応していくことを次アクションとした。

図表 64-1●プロジェクト・ダッシュボード

プロジェクト名	顧客	開発ランク	フェーズ	PJ終了予定日	PM	進捗 (D)		工数 (C)			テスト件数 (Q)			課題件数 (Q)		
						評価	達成率 予定進捗率／実績進捗率	評価	達成率	予定工数(人月)／実績工数(人月)	評価	達成率	予定件数／実績件数	評価	達成率	予定課題発生件数／実績課題発生件数
A-PJ	X自動車	A	DR2	2022年3月	Sato	×	64%／ 36% 23%	△	83%	10 12	—	—	0 0	—	—	0 0
B-PJ	Y電気	B	開発試作	2022年6月	Suzuki	△	86%／ 35% 30%	○	125%	25 20	×	75%	20 15	○	140%	5 7
C-PJ	Z重工	C	量産試作	2021年12月	Yamada	○	123%／ 61% 75%	△	87%	45 52	△	83%	120 100	○	150%	20 30

154

図表64-2●プロジェクト進捗管理

WBS	LT	開始予定日	終了予定日	開始実績日	終了実績日	ライフサイクル	進捗率(%)	ドキュメント
Aプロジェクト,1	200	2/1	8/19	2/1			23	
・商品企画フェーズ,1	23	2/1	2/23	2/1	2/28	完了	100	
・・商品企画起案DR,1	20	2/1	2/20	2/1	2/25	完了	100	商品企画書　市場調査結果　ベンチマーク
・・商品企画DR,1	3	2/21	2/23	2/26	2/28	完了	100	企画DR資料　議事録
・設計試作フェーズ,1	110	2/25	6/16	3/1		実施中		
・・試作設計,1	40	2/25	4/5	3/1		実施中	33	設計仕様書　図面
・・試作評価,1	60	4/6	6/4			開始可能	0	
・・設計試作DR,1	10	6/5	6/14			開始可能	0	
続く								

製品開発プロジェクト管理

コラム8：改革コンセプトの評価

プロジェクト立上げ合宿では、評価チームは検討チームが作成した改革コンセプトなどに関する評価を担当する。ここでは、評価の方法についてご紹介する。

図は検討チームが説明した改革コンセプトに対して、評価チームが作成した評価シートである。KPI（Key Performance Indicator の略。重要業績評価指標のこと）には、その企業の経営的な評価指標、その右列には重要度を記入する。この例では序列を付けて1～5（5が重要）で記入した。ここから、コスト削減と売上増大がこの企業にとっての優先事項であることがわかる。評価チームは、検討チームの発表前にこの検討を完了しておく。

そして、いよいよ検討チームの発表が開始される。評価チームは各チームの発表内容を聞いて、質問をする。そして、KPIに沿ってそれぞれのチームの発表内容に対する評価を行い、点数1～4（4が良）を記入する。

すべての発表が終わった後、評価チームは重要度と点数を集計して、どのチームが良かったか、その理由について講評する。集計結果、チームBが1位であった。コスト削減と売上に対する貢献度が高いことが要因であったことがわかる。

この合宿では、点数が最下位になったチームは次のセッションに進めず、評価チームに回るルールとしていた（もちろん、このルールを必須とする必要はない）。つまり、次のセッションは評価で生き残ったチームが実施し、すべてのセッションが終わった後では、今後の改革コンセプトの中核となるアイデアに収れんされる仕掛けなのである。
（プロジェクト立上げ合宿についてはこれで終了）

図表 ●業務改革プロジェクト立上合宿：評価ワークシート

KPI	重要度	チームA	チームB	チームC	チームD
先進性	2	4	3	2	1
独自性	1	1	2	3	4
売上への貢献	4	3	4	1	2
実現性	3	2	3	4	1
コスト削減への貢献	5	1	4	3	2
評価点	-	32	53	38	27

評価チームが検討し、発表前にKPIと重要度を記入する

評価チームが検討チームのプレゼンを聞いて点数を記入する

第9章

コンプライアンス対応

従来のPLM導入は、

業務の効率化を目的としたプロジェクトが多かったが、

近年はコンプライアンス対応も重要な課題になった。

本章では、PLM導入担当者にとって知っておくべき自動車業界の

品質マネジメントシステム、含有化学物質管理、医療機器開発の規格の概要と、

PLMにおける対応策についてご紹介する。

自動車開発の
コンプライアンス対応 (1)

自動車開発の品質マネジメントシステムに対応するにあたり、
大規模リコールの原因と業界各社の対策動向は知っておくべき事項である。
ここでは、それについて理解を深める。

　本書では、その主旨からPLMのコンプライアンス対応として、PLM企画・導入担当者が知っておくべき基礎知識や対応策に絞って解説することにした。法令や規格の詳細を知りたい人は、ぜひ専門書の参照をお願いしたい。

　ここでは、最初に自動車業界で発生した大規模リコールに対する各メーカの動きや対策について解説する。

■■■ 大規模リコールの急増

　図表65-1は、国土交通省が発表した国内の自動車におけるリコールの統計データをグラフ化したものである。左軸と棒グラフはリコールの件数、右軸と折れ線グラフはリコールの台数を示す。とくに注目すべき点は、平成26年以降のリコール台数の急増である。リコール件数は横ばいであるにも関わらず台数が増加したということは、リコール1件当たりの対象台数が大幅に増加したことを意味する。この原因を次に解説しよう。

■■■ 大規模リコールの原因と法令改正

　図表65-2は、筆者が考察した大規模リコール発生のメカニズムである。共通モジュールに潜む不具合が、製品別設計、工程設計に組み込まれ、出荷されるまでテストで検出されないと、複数車種を横断した大規模なリコールになるという理屈だ。

　部品メーカが複数の自動車メーカを横断開発した共通モジュールに問題がある場合、さらに被害は拡大する。従来から自動車メーカや部品メーカでは、

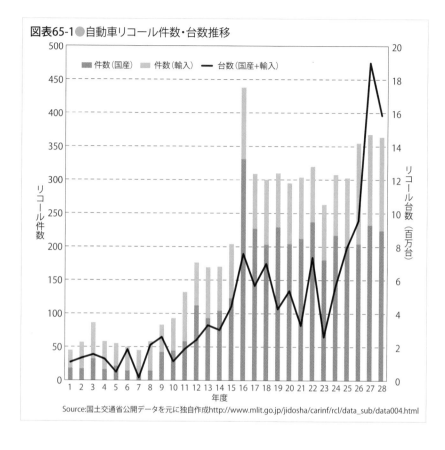

図表65-1 ●自動車リコール件数・台数推移

凡例：
■件数(国産)　■件数(輸入)　—台数(国産+輸入)

（縦軸左：リコール件数、縦軸右：リコール台数（百万台）、横軸：年度）

Source:国土交通省公開データを元に独自作成http://www.mlit.go.jp/jidosha/carinf/rcl/data_sub/data004.html

モジュールや部品の共通化を推進してきたが、低コスト化や開発期間短縮の
プレッシャーが強くなり、さらに共通化を推進したことが要因だとされる。

　この事象を受けて、2015年にリコールの報告に関する法令が改正された。
図表65-3はその記事の一部である。法令改正前は、国土交通省への報告義務
は自動車メーカだけであったが、改正後は、部品メーカも義務化されるとい
う内容であった。

　このような経緯から、自動車業界各社では、問題の発生源を追跡・特定す
るためのトレーサビリティの強化対策に乗り出した。設計・生産業務プロセ
ス、PLM、MES*1、ERPなどの業務システムも見直し対象になったのである。

*1 MES：製造実行システム、Manufacturing Execution System。ERPと工場のシステムや装置を
　つなぐシステム。

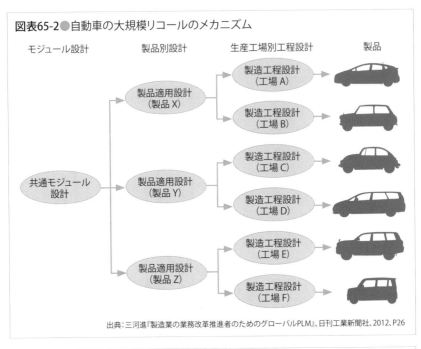

図表65-2 ●自動車の大規模リコールのメカニズム

モジュール設計　　　　製品別設計　　　　生産工場別工程設計　　　製品

共通モジュール設計

製品適用設計（製品X）

製品適用設計（製品Y）

製品適用設計（製品Z）

製造工程設計（工場A）

製造工程設計（工場B）

製造工程設計（工場C）

製造工程設計（工場D）

製造工程設計（工場E）

製造工程設計（工場F）

出典：三河進『製造業の業務改革推進者のためのグローバルPLM』、日刊工業新聞社、2012、P26

図表65-3 ●道路運送車両法の改正でリコール対策が強化される

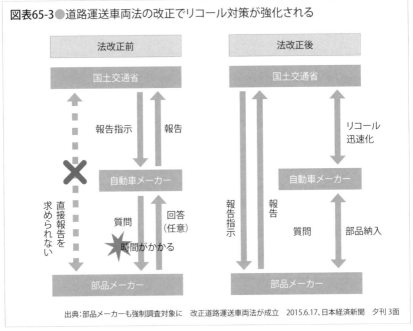

法改正前

国土交通省

報告指示　報告

自動車メーカー

質問　回答（任意）

時間がかかる

直接報告を求められない

部品メーカー

法改正後

国土交通省

リコール迅速化

自動車メーカー

報告指示　報告

質問　部品納入

部品メーカー

出典：部品メーカーも強制調査対象に　改正道路運送車両法が成立　2015.6.17、日本経済新聞　夕刊 3面

66

自動車開発の
コンプライアンス対応 (2)

自動車開発においては、IATFやVDAが定めた
品質マネジメントシステムが存在する。
その制定や変遷と、企業における実装方法について理解を深めよう。

ここでは、自動車業界の品質マネジメントシステム規格の変化と、業界各社の対応について解説する。

■■■ 品質マネジメントシステム規格の変遷

　自動車の品質基準については、過去から自動車業界統一の品質マネジメント規格が要求されていた経緯があり、変遷を経て1999年にIATF[*2]が、統一の品質管理仕様であるISO/TS16949を制定した。この規格で引用したのは、AIAG（アメリカ自動車産業協会、Automotive Industry Action Group）が定めたAPQP（先行製品品質計画）、PPAP（生産部品承認プロセス）、FMEA（故障モード影響分析）、SPC（統計的工程管理）、MSA（測定システム解析）という北米中心の技法であった。[*3]

　その後、ISO/TS16949は2016年に大幅改訂され、IATF16949規格が制定された。ここでは、AIAGの技法だけでなく、VDA（ドイツ自動車工業会）の技法が多く引用されるようになった。これについては、自動車の品質規格が、従来のアメリカ中心からドイツ寄りに変わったからだとされている[*3]。

　ちなみに、**図表66-1**はVDA6.3「プロセス監査」のスコープであり、製品ライフサイクルとVDA6.3のプロセス要素を示したものだ。VDAのプロセス監査の対象は、製品開発〜生産〜顧客サービスまでの非常に広範囲なプロセス、まさにPLMのプロセスが対象になっていることがわかる。

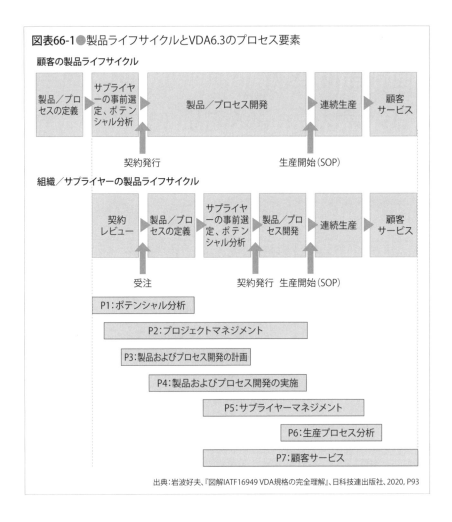

図表66-1●製品ライフサイクルとVDA6.3のプロセス要素

顧客の製品ライフサイクル

| 製品／プロセスの定義 | サプライヤーの事前選定、ポテンシャル分析 | 製品／プロセス開発 | 連続生産 | 顧客サービス |

契約発行

生産開始（SOP）

組織／サプライヤーの製品ライフサイクル

| 契約レビュー | 製品／プロセスの定義 | サプライヤーの事前選定、ポテンシャル分析 | 製品／プロセス開発 | 連続生産 | 顧客サービス |

受注

契約発行　生産開始（SOP）

P1：ポテンシャル分析

P2：プロジェクトマネジメント

P3：製品およびプロセス開発の計画

P4：製品およびプロセス開発の実施

P5：サプライヤーマネジメント

P6：生産プロセス分析

P7：顧客サービス

出典：岩波好夫、『図解IATF16949 VDA規格の完全理解』、日科技連出版社、2020, P93

■■ 自社のQMSに対するPLM

　各企業は、業界標準の品質マネジメントシステム規格に準拠した上で、企業独自のQMSを制定、実施、改善している。

　図表66-2は、業界標準の品質規格 ⇒ 企業別のQMS ⇒ 業務マニュアル ⇒ IT実装 の流れを示す。この考え方をベースに、業界標準及び自社のQMSに準拠した業務・ITプロセスを構築するのである。

　企業別のQMSは、品質保証部門を中心に作成、管理される。それに基づいて各部門は自部門の業務マニュアルを作成し、その業務を効率的かつ安定

図表66-2●業界標準規格から企業別QMS、IT実装の流れ

**IATF16949
VDA規格**

自動車開発の品質マネジメントシステム規格。
IATF16949は北米自動車産業の品質規格をベースに発展。
VDA規格はドイツ自動車工業会が制定した品質規格。

企業別QMS

業界標準の品質規格に準拠し、自社のQMSを制定。
品質保証部門を中心に作成、管理される。

業務マニュアル

各部門は、企業別QMSに準拠し、業務を遂行する。
場合によっては、部門別に業務標準、マニュアルを
作成する。

**PLMなどの情報
システムに実装**

QMSに準拠した業務プロセスを効率的、正確に遂行
するために、PLMシステムなどに実装する。監査の
サポートも考慮する。

的に遂行するために、PLM、MESなどのシステムの導入、改修を行うのだ。

　PLMの活用やプロセス改善策としては、プロジェクト管理における開発プロセステンプレートの利用、FMEAやコントロールプランなどのドキュメント管理、設計変更、製造変更、プロジェクト計画変更などの変更管理プロセス標準化が考えられる。これらのIT実装により業務プロセスをより頑強にし、効率化と業務品質の向上を実践していくのだ。

＊2 IATF：国際自動車産業特別委員会、International Automotive Task Force
＊3 岩波好夫，『図解IATF16949 VDA規格の完全理解』、日科技連出版社、2020,P11を参考に記述

67

初級
中級 DX
上級

化学物質管理の
コンプライアンス対応

含有化学物質管理に関する規制や業界の標準化活動、
および企業内のPLMによる管理プロセスの効率化について理解を深めよう。

　製品開発プロセスのコンプライアンス対応として、ほとんどの業種で避けられないのは含有化学物質管理である。ここでは、化学物質管理に関する標準化の経緯と、今後のPLMでの取組みについて解説したい。

■■■ 化学物質管理標準化の枠組み

　含有化学物質管理の法令として、欧州のRoHS[*4]やREACH[*5]など多くの規制が存在する。企業は、各国向けの製品開発の完了にあたりにあたり、これらの規制をクリアしているかを判定する必要がある。

　従来、企業間の共通の取り決めがない時代は、各社がフォーマットを作成し、サプライヤに対して調査し、個別に集計・判定していた。**図表67-1**の上図はこの状況を示すが、川下メーカ（完成品メーカ）は、川中メーカ（部品メーカ）に対して調査・回答要求する。川中メーカはさらに川上メーカ（素材メーカ）に調査・回答要求する連鎖が発生する。業界や企業ごとに異なるフォーマットで調査・回答を行うことは、各企業にとっての負担を強いるだけでなく、情報の信頼性低下につながる弊害が問題視されていた。

　また、RoHSは調査物質が6種類だが、REACHは管理物質が増えることもあり、従来方式のままで管理できなくなる危機感もあると考えられていた。

　これに対して、含有化学物質の適切な管理を実現すること目的とし、JAMP[*6]とよばれる組織が2013年に発足した。JAMPは、化学物質管理のガイドライン、chemSHERPA[*7]など共通様式の規定、情報流通のIT基盤の普及活動を行う組織である。また、**図表67-1**の下図はJAMPの目指す姿を

図表67-1●従来の化学物質情報伝達とJAMPが目指す姿

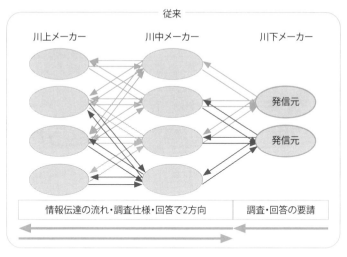

川下から川上へ異なるものを錯綜しながら伝える

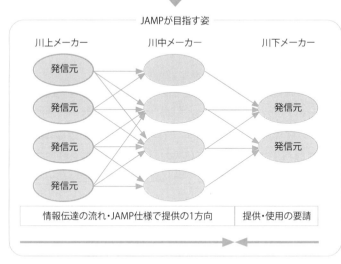

川上から川下へ同じものを一方向に伝える

出典：アーテイクルマネジメント推進協議会、「JAMP御説明資料」、2013、P3

図表67-2●PLMシステムを用いた化学物質管理と伝達

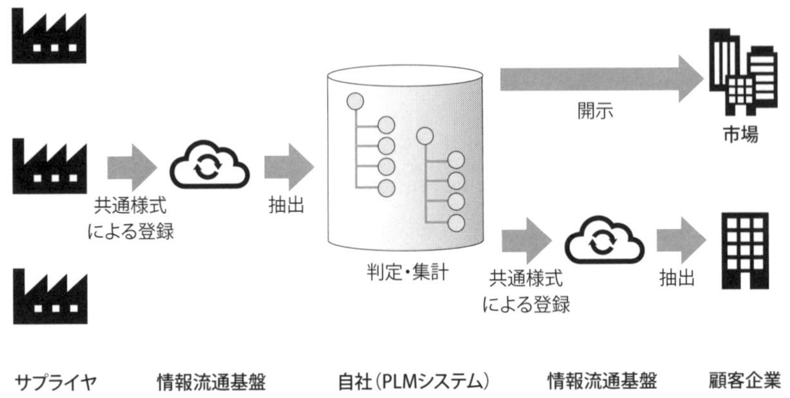
開示
市場
共通様式
による登録
抽出
判定・集計
共通様式
による登録
抽出
サプライヤ
情報流通基盤
自社（PLMシステム）
情報流通基盤
顧客企業

示しており、一方向の情報流の実現に向けた活動を推進中である。

ちなみに、自動車業界ではIMDS＊8というシステムが使われていて、使用される部品や材料を再現している。

PLMによるプロセス改善策

図表67-2は、含有化学物質管理機能を実装したPLMシステムによる、川上、川下メーカとのインターフェースをスコープとしたプロセス改善のイメージである。サプライヤや顧客企業とは、情報連携基盤を用いて共通様式で化学物質の情報を連携する。自社内はPLMシステムの部品や材料データベースに得られた情報を蓄積・再利用し、BOMを使って製品レベルで集計・判定を行うという考え方である。

＊4 RoHS：Restriction of Hazardous Substances Directiveとは、電子・電気機器における特定有害物質の使用制限についての欧州連合による指令。
＊5 REACH：欧州連合が制定した人の健康や環境の保護のために化学物質を管理する欧州議会及び欧州理事会規則。
＊6 JAMP：Joint Article Management Promotion-consortium。アーティクルマネジメント推進協議会。含有化学物質の円滑な開示・伝達の仕組みを作るために発足したコンソーシアム。
＊7 chemSHERPAは、JAMPが提唱する製品含有化学物質の情報伝達共通スキーム。
＊8 IMDS：International Material Data System。完成車メーカが使用する自動車業界向け材料データベース

68

医療機器開発の
コンプライアンス対応（1）

CSV（コンピュータ化システムバリデーション）は、
医療機器メーカにPLMを導入する際の必須の実施事項である。
ここでは、その概要について理解を深めよう。

　ここでは、医療機器メーカのPLM導入の前提として知っておくべき知識であるCSVの概略について紹介する。CSVの詳細や手順については、本書の主旨ではないので、別途専門書の参照をお願いする。

CSVとは？

　CSV（Computerized System Validation）とはコンピュータ化システムバリデーションの略であり、医薬品、医薬部外品、化粧品及び医療機器の開発、製造に使用されるコンピュータ化システムにおける、開発プロセスの最適性、妥当性の検証と文書化を規定したものだ。[9]

　医療機器メーカのPLM導入担当者は、PLMのシステム計画だけでなく、品質保証部と協力して、CSVのスケジュールや体制構築についても合わせて計画する必要がある。

　CSV実践のためのガイドラインとして、GAMP5と厚生労働省CSVガイドラインがあるので、以下にその概要をご紹介する。

GAMP5

　GAMP5は、ISPE（国際製薬技術協会）が発行したCSVのガイドラインで、法的拘束力はないが、この考え方を導入する欧米企業は多く、実質的な世界標準とされる。GAMPとはGood Automated Manufacturing Practiceの略であり（GAMP5はその最新バージョン）、後述する厚生労働省のガイドラインもGAMPを意識した内容となっている。

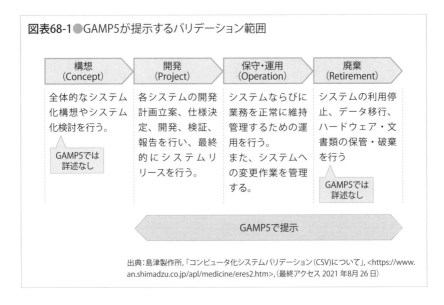

図表68-1 ● GAMP5が提示するバリデーション範囲

構想 (Concept)	開発 (Project)	保守・運用 (Operation)	廃棄 (Retirement)
全体的なシステム化構想やシステム化検討を行う。 GAMP5では詳述なし	各システムの開発計画立案、仕様決定、開発、検証、報告を行い、最終的にシステムリリースを行う。	システムならびに業務を正常に維持管理するための運用を行う。 また、システムへの変更作業を管理する。	システムの利用停止、データ移行、ハードウェア・文書類の保管・破棄を行う GAMP5では詳述なし

GAMP5で提示

出典：島津製作所,「コンピュータ化システムバリデーション（CSV）について」, <https://www.an.shimadzu.co.jp/apl/medicine/eres2.htm>,（最終アクセス 2021 年8月 26 日）

　また、GAMPは**図表68-1**のようにコンピュータシステムのライフサイクル管理を推奨しており、GAMP5はその中でも開発〜廃棄までのバリデーション作業内容を提示している。

　最新バージョンであるGAMP5は、バリデーションの詳細内容はリスクに応じて決定する「リスクベースアプローチ」（**図表68-2**）を提唱しており、患者への安全性、製品品質、データの完全性を考慮し、低リスクの場合は簡易に、高リスクの場合は濃密なバリデーションの実施を推奨しているとされる。[10]

■■ 厚生労働省CSVガイドライン

　日本においても、厚生労働省の「医薬品・医薬部外品製造販売業者等におけるコンピュータ化システム適正管理ガイドライン」（平成22年10月21日発出 平成24年4月1日施行）が発行され、GMP省令[11]及びGQP省令[12]の業務を遂行するシステムについて、ガイドラインの遵守が必要となった。なお、このガイドラインはインターネット上のサイトに掲載されていて、検索が可能だ。詳細についてはそちらをご参照いただきたい。

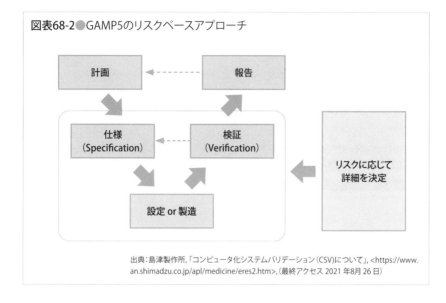

図表68-2●GAMP5のリスクベースアプローチ

計画

報告

仕様
(Specification)

検証
(Verification)

設定 or 製造

リスクに応じて
詳細を決定

出典:島津製作所,「コンピュータ化システムバリデーション(CSV)について」, <https://www.
an.shimadzu.co.jp/apl/medicine/eres2.htm>,(最終アクセス 2021 年8月 26 日)

* 9 「CSV コンピュータ化システムバリデーションとは」、LIBERWORKS、https://www.liberworks.
co.jp/iec/csv.html を元に筆者作成
* 10「コンピュータ化システムバリデーション（CSV）について」、島津製作所、https://www.
an.shimadzu.co.jp/apl/medicine/eres2.htm を元に筆者作成
* 11 GMP 省令：GMP とは Good Manufacturing Practice の略で、医薬品及び医薬部外品の製造管
理及び品質管理の基準に関する省令
* 12 GQP 省令：GQP とは Good Quality Practice の略で、医薬品、、医薬部外品、化粧品及び医療機
器の品質管理の基準に関する省令

コンプライアンス対応

69

初級
中級
上級　D2

医療機器開発の
コンプライアンス対応 (2)

医療機器開発のPLM導入において、電子記録／電子署名も必須の事項だ。
ここでは、その概念と対策例について、理解を深めよう。

　電子記録と電子認証の分野では、FDAのPart11という規制がよく知られている。ここでは、Part11を含むER/ES指針の概要と、PLM導入における留意事項について解説していきたい。

■■ 電子記録（ER）と電子署名（ES）

　医療機器開発においても、電子データを活用して業務効率化することは時代の流れである。しかし、電子データは紙上とは違い、痕跡を残さずに改ざんできるという問題がある。

　これに対して規定されたのが、ER/ES関連規制である。これは、従来紙を基準に実施されていたものを、電子データに置き換えるために必要な最低限の要件をまとめたものである。

　ER/ESについては、日欧米の3極で要件規定されており、米国ではFDA 21 CFR Part 11[*13]、日本では厚生労働省ER/ES指針[*14]、欧州ではEU・GMP Annex11が発行されている。[*15]

■■ ER/ES指針に対するPLM導入時の留意事項

　日本版ES/RS指針には、電磁的記録（電子データ）の利用要件が記載されている。それに対するPLM導入の対応案を参考情報としてご紹介する（注：これは、あくまで筆者見解であり、自社責任で品質保証部門や監査の関係者を含めた判断をお願いする）。

　1.電磁的記録の真正性

⇒ PLMシステムのCSVを完了する。PLMのセキュリティ、アクセス管理を正しく運用する。作成と変更の記録(履歴管理や操作ログ)やバックアップを正しく取る。

2. 電磁的記録の見読性

　⇒ 管理データの内容を確認できることだが、これはPLMシステムを利用するのであれば、必然的にサポートされる。

3. 電磁的記録の保存性

　⇒ PLMシステムのサーバでデータを、バックアップも含めて頑強に保管する。保存期間が長期に及ぶとファイル形式がサポートされないこともあるので、その場合の移行パスも確保する。

次に、電子署名利用のための要件である。

4. 電子署名の管理・運用　⇒ PLMシステムにログインするためのユーザID管理やパスワード管理方法が規定し、それに基づいて運用する。

5. 電子署名は個人を特定する唯一のものであること　⇒ ユーザID管理は個人唯一とし、他のユーザとの共有や譲渡を行わない。

6. 作成した情報に電子署名の氏名、日時、意味が含まれること　⇒ PLMシステムの管理情報に、作成・更新時に個人IDの記録、タイム・スタンプ、処理内容を含む。

7. 電磁的記録に付された電子署名は、不正使用がされないこと

　⇒ PLMシステムの管理情報と個人IDの関係は修正不可とする。

最後にその他の要件である。

- 電磁的記録及び電子署名の利用のために必要な責任者、管理者、組織、設備及び教育訓練に関する事項を規定しておくこと

　⇒ ER/ESに対応したPLMのシステムを準備するだけでなく、ユーザの教育訓練を実施し、その記録を取る。

＊13 FDA 21 CFR Part 11：FDA（米国食品医薬品局）が1997年に発行した電子記録、電子署名に関する規則。これによりコンピュータシステムが一定の要件を満たすことで「電子記録・電子署名」が従来の「紙の記録」「手書き署名」と同等と見なすことが可能になった。（萩原、須藤、「21 CFR Part 11（電子記録・電子署名）の概要とその取り組み」、横河技法 VOL47No3 P1,2003」
＊14 厚生労働省が2005年に発行した通知。正式名称は「医薬品等の承認又は許可等に係る申請等における電磁的記録及び電子署名の利用について」である。
＊15【第3回】電子記録/電子署名(ER/ES)、Part11について」、富士通エンジニアリングテクノロジーズ株式会社、< https://www.fujitsu.com/jp/group/fetec/mailmag/csv/no03/ >、2021年8月26日を参考に作成。

コラム9：よく使う分析ツール（問題構造図）

　ここでは、筆者がプロジェクトでよく使用する分析ツールについて紹介する。図は問題構造図と呼ばれる分析ツールで、現状分析における定性分析手法として利用している。作成手順は以下のとおりだ。

●現状の業務をヒアリングして、問題点を抽出する。

●問題点に対して、重要度も合わせてヒアリングしておく（ここでは頻度と問題発生時の影響の大きさを指標化し、それを掛け合わせた数値とした）。

●因果関係があるものに対して、問題点同士を関係付ける（図のボックス間の線がそれを示す）。

●結果系問題を左側、原因系問題を右側にな

るように、全体をレイアウトする。

　このようにすると、左から右に問題が整列され、全体の因果関係が明確になり、真因として対策が必要なものが浮き上がってくる。

　そして、この分析結果例からは、以下の3点の真因と対策が浮上した。

①紙や人間系の伝達による設計変更や手配に関する処理ミス

　⇒（対策）BOMとコード標準化によるデータによる部門間の伝達

②都度設計による出図遅延

　⇒（対策）流用設計環境の構築

③見積プロセスの属人化による収益性の悪化

　⇒（対策）見積プロセス標準化とIT化

図表 ●分析ツール：問題構造図

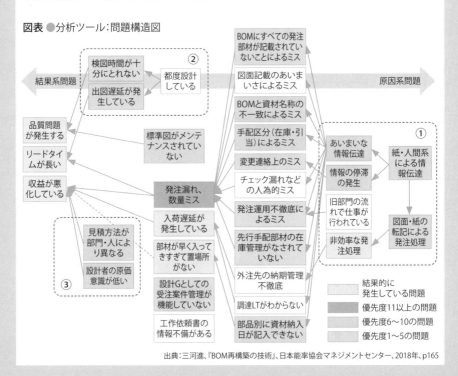

出典：三河進、『BOM再構築の技術』、日本能率協会マネジメントセンター、2018年、p165

開発プロセス・マネジメント

ここまでPLMやBOMのシステムを用いたプロセス改善について解説してきたが、
本章では、開発プロセス業務へのフォーカスと、
最新テクノロジーに活用による改善のアプローチを考察していきたい。
具体的には、製品開発リードタイムを短縮するためのコンセプト、
CAE、IoTやAIの製品設計領域への活用である。

70

開発期間を短縮する
ポイント (1)

開発期間の制約が問題の解決速度だとすると、
問題の発見と解決を早期化すれば期間短縮につながる。
ここでは、そのアプローチに関する理解を深めよう。

第10章では、PLMやBOMに特化した視点ではなく、製品開発プロセスそのものにスポットを当ててプロセス改善策を解説していきたい。ここでは、開発期間をいかに短縮するかについて考察しよう。

■ 開発期間を決める制約

製品開発期間はいったい何で決まっているのだろうか。諸説あると思うが、製品開発プロジェクトは、それに内在するすべての問題が解決したら終了という考え方がある。製造業での製品開発は、試作を繰り返し、品質や製造の問題をクリアしながら開発を進め、ある一定の基準をクリアしたら出荷される。これらのプロセスは、プロジェクトの問題を解決するために実施されていると考えると理解しやすい。

■ プロジェクトの問題解決による期間短縮モデル

図表70は、プロジェクトの問題解決早期化による期間短縮モデルである。縦軸はプロジェクトにおける累積問題数であり、横軸は開発時間を示す。

問題発見カーブは、問題が発見された時期とその累積件数をプロットしたものである。次第に飽和に達するので一般的にS字を描く。問題解決カーブは、問題が解決された時期とその累積件数をプロットしたもので、同様にS字形状だ。そして、これらのカーブを左にシフト（図では現状から改善後に移動）することがプロジェクトの早期終了に貢献するのである。

既知の問題数は、過去のプロジェクトで発生した問題と解決策が本プロ

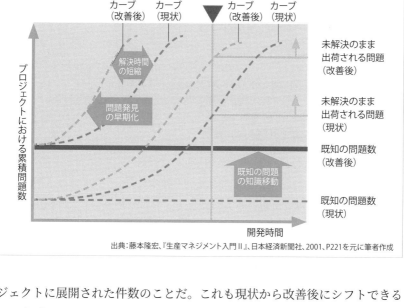

図表70●フロントローディング化による開発期間短縮と残存問題の削減

出典：藤本隆宏、『生産マネジメント入門Ⅱ』、日本経済新聞社、2001、P221を元に筆者作成

ジェクトに展開された件数のことだ。これも現状から改善後にシフトできると、本プロジェクトで解決すべき問題数は削減できるので、プロジェクトの早期終了に貢献する。

さらにこのモデルが示唆する大事なことは、ある時点で出荷がやってくることだ。すべての問題が解決されていない状態で出荷されると、市場に出てから発見される問題や、解決できないまま出荷される問題が残存してしまう。図の右上の残存問題がこれを示す。

■ 開発期間短縮のポイント

まとめると、開発期間短縮のポイントは3点あることがわかる。

1. 既知の問題の知識移転。ナレッジマネジメントが短縮に貢献する。
2. 未知の問題の早期発見力。FMEA[*1]などリスク分析、コンカレント・エンジニアリングによる複数部門による設計検証がこれに該当する。
3. 問題の早期解決力。試作よりCAE力強化が理想だ。

* 1 FMEAとは、Failure Mode Effective Analysisの略で、故障モード影響解析のこと。製品や製造工程がもつリスクを設計段階で評価し、対策する手法。

開発プロセス・マネジメント

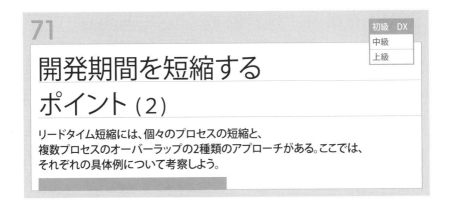

71

開発期間を短縮する
ポイント（2）

リードタイム短縮には、個々のプロセスの短縮と、
複数プロセスのオーバーラップの2種類のアプローチがある。ここでは、
それぞれの具体例について考察しよう。

70では、問題解決の視点で開発期間を短縮するポイントについて解説した。ここでは、プロセス視点での短縮方法について考察してみたい。

個々のプロセスのリードタイム短縮

プロセス視点での期間短縮は、個々のプロセスのリードタイムをそれぞれ短縮する方法と、複数のプロセスをオーバーラップさせる方法の2種類が存在する。前者は**図表71-1**に示す方法で、それぞれのプロセスを効率化することで実現する。

たとえば、過去の図面の流用率の向上、**13**（p38）に示したドキュメントの一元管理による検索時間の短縮、自動設計による設計者の設計工数削減、要員を増員してのリードタイム短縮などが考えられる。

プロセスのオーバーラップ

もう1つのリードタイム短縮方法は、プロセスのオーバーラップである。製品開発で実践されるのは、設計と生産技術のコンカレント・エンジニアリングが代表的なものだ。

図表71-2の上図はプロセスのオーバーラップをしていないシリアルプロセスを示す。その名のとおり、設計の出図後に生産技術が生産準備を開始している。そのために、生産準備に入ってから設計の問題が発見されると、計画外の手戻りの発生に直結する。

これに対して、**図表71-2**の下図は、プロセスをオーバーラップさせたコンカ

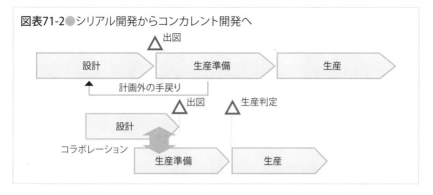

図表71-1●各プロセスのリードタイムの短縮

出図　生産判定
設計　生産準備　生産
計画外の手戻り

出図　生産判定
設計　生産準備　生産

図表71-2●シリアル開発からコンカレント開発へ

出図
設計　生産準備　生産
計画外の手戻り

出図　生産判定
設計
コラボレーション
生産準備　生産

レント開発のプロセスを表現している。設計の出図の前に生産準備作業を開始し、出図前に共同検討して問題を抽出し、事前に解決する。このような複数部門による同時並行作業のことをコンカレント・エンジニアリングと呼ぶ。

　通常の開発期間短縮の取組みでは、プロセスのオーバーラップと個々のプロセスリードタイム短縮の両方の施策を定義し、全体のリードタイム短縮を図ることが一般的である。

■ コンカレント・エンジニアリングと問題解決の早期化

　コンカレント・エンジニアリングの考え方を解説したが、問題発見と解決を早期化するという観点では、70（p174）のプロジェクトの問題解決による期間短縮モデルと本質的には同じ考え方だということに気が付く。

　コンカレント・エンジニアリングの目的は、問題解決早期化による全体のリードタイムの短縮そのものなのだ。

開発プロセス・マネジメント

72

初級
中級　DX
上級

コンカレント・エンジニアリングの実践

コンカレント・エンジニアリングはリードタイム短縮や品質向上に貢献するが、
運用上の注意点がある。ここでは、そのポイントや実践フロー、
効果について理解を深めよう。

　71では、コンカレント・エンジニアリングが問題解決の早期化とリード
タイム短縮に貢献することを述べた。ここでは、その実践上の課題について
解説していきたい。

コンカレント・エンジニアリングの注意点

　コンカレント・エンジニアリングは良いことばかりに見えるが、実際には
仕掛状態で設計情報を共有するので、部門間のコミュニケーションがうまく
いっていないと、逆に手戻りを誘発する。

　たとえば、設計部門が3Dモデルを共有していたが、まだその後更新する
予定だったとする。生産技術部門がその3Dモデルを参照して金型の手配を
開始した後、設計部門が3Dモデルを更新すると、金型の修正が必要になる
可能性がある。

　このように、コンカレント・エンジニアリングに参加する部門は、PLM
上でデータのライフサイクルを「公開」とするなど、データの確度を明示す
る必要がある。

コンカレント・エンジニアリングの実践フロー

　図表72は、設計部門と金型・設備設計を担当する生産技術部門のコンカ
レント・エンジニアリングの実践的なフローを示す。

　① 設計部門は3D設計し、CADデータ管理システム上で「公開」にする。

　②生産技術部門は3Dモデルを入手し、製造性をCAE検証して、設計部門

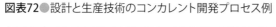

図表72●設計と生産技術のコンカレント開発プロセス例

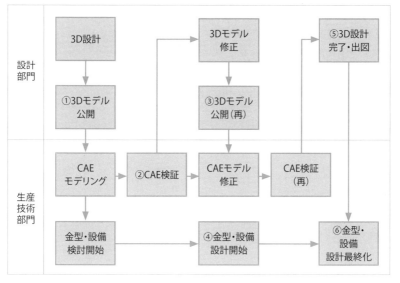

にフィードバックする。

③設計部門は生産技術部門からのフィードバックに対応して、設計修正し、再度「公開」する。②と③を2回繰り返し、設計完成度を高める。

④生産技術部門は上記プロセスと並行して、3Dモデルの確度を見ながら、金型・設備の設計を開始する。

⑤設計部門はフィードバック対応後、3Dモデルと図面を出図する。

⑥生産技術部門は正式出図された結果を確認して、金型・設備の設計を最終化する。

■ コンカレント・エンジニアリングの効果

このコンカレント・エンジニアリングの例では、以下の効果があることを確認できる。

1. 設計部門は、製造性が検証された3Dモデルを出図できる。

2. 生産技術部門は、出図前から金型・設備の検討ができるので、それらの出図を早期化できる。

73

初級
中級　D2
上級

CAE活用スキルの組織的な育成

CAEは開発期間短縮の強力なツールだが、
設計者CAEは限定的な運用に留まっていることが多い。
ここでは、組織的なCAEの推進やロードマップについて理解を深めよう。

　ここまで開発期間短縮のための3D設計やCAEの重要性を説明したが、CAEを活用するかどうかは、設計者任せになっていることが多い。ここでは、組織的な設計者CAEの推進方法について解説する。

CAE活用のロードマップ

　図表73は、CAE活用強化のロードマップ例である。このチャートは、設計CAE推進の全体的な目標設定に活用することができる。

　縦軸はCAEの活用レベルである。上にいくほど難易度が上がる。横軸は部分最適から全体最適の方向性を示している。部品のCAE活用から、製品システムに対するCAE活用への発展の方向性である。

設計者CAE推進の進め方

　以下に、設計者CAE推進プロジェクトの進め方を示す。

1. 設計者CAE推進計画、目標の立案

　設計者CAE推進プロジェクトリーダとメンバーは、**図表73**のCAE活用のロードマップに従って、いつまでに、どのレベルのCAEを、何人ができるようにするのかについて具体的な目標設定を行う。

2. スキル育成計画と現状診断

　設計者の個人別の現状CAEスキルを診断し、社内のCAEスキルマップ（設計者氏名とスキルレベルが記載されたもの）を作成する。その結果に対して、上記目標を反映したスキルマップを作成し、ギャップを埋めるための

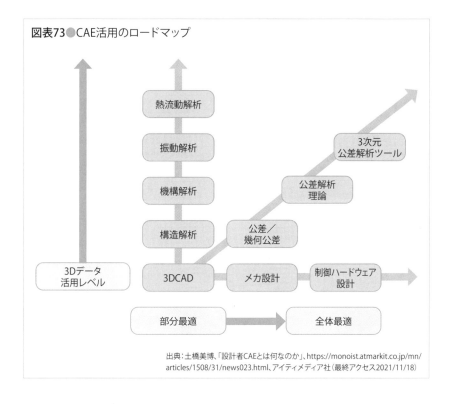

図表73●CAE活用のロードマップ

熱流動解析

振動解析

機構解析

構造解析

3次元
公差解析ツール

公差解析
理論

公差／
幾何公差

3Dデータ
活用レベル

3DCAD

メカ設計

制御ハードウェア
設計

部分最適

全体最適

出典：土橋美博、「設計者CAEとは何なのか」、https://monoist.atmarkit.co.jp/mn/articles/1508/31/news023.html、アイティメディア社（最終アクセス2021/11/18）

　トレーニング計画を立案する。

3.CAE手順書の作成

　社内CAEの専門家、またはCAEベンダーに依頼して、自社製品を例とした実践的かつトレーニングに使用可能なCAEの手順書を作成する。

4.トレーニング

　育成計画に沿って、CAE手順書を用いたトレーニングを実施する。

5.テスト・認定

　本プロジェクトの推進メンバーは、トレーニングの結果を評価し、事前に設定した水準に到達しているかを判定する。合格すれば、該当するCAE領域に関する修了認定を行う。

6.スキルマップの更新

　テスト・認定結果を踏まえ、スキルマップを更新する。計画に対する進捗を把握して、必要に応じ対策を検討・実施する。

開発プロセス・マネジメント

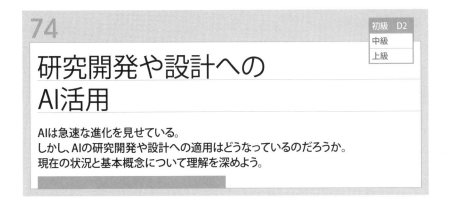

74

研究開発や設計への AI活用

初級 D2
中級
上級

AIは急速な進化を見せている。
しかし、AIの研究開発や設計への適用はどうなっているのだろうか。
現在の状況と基本概念について理解を深めよう。

73では、CAEの製品開発への貢献について解説したが、その延長上にあるAIについても触れておきたい。設計プロセスにおけるAIはまだ事例が少なく、本書の中では挑戦的なテーマである。

AIの発展と研究開発・設計への応用

AIのテクノロジーや利用は急速に発展している。テクノロジー面では、当面人間に勝てないといわれていた将棋や囲碁の分野で人間を上回る活躍を見せ始めた。一方、AIが設計で新しいデザインを考えてくれるのではないかと筆者は空想していたが、まだ実現に至っていない。将棋や囲碁には厳格なルールがあるが、設計ではそのルールや制約が明確でないことがその理由だろう。近い将来のブレークスルーや、明確な前提条件やルールの元で新しい活用方法の発見に期待する。

機械学習とは

機械学習は、AIの中核をなす統計数理に基づいた技術である。**図表74**は、4象限に分けられた問題解決のアプローチを示しており、この右下の象限が機械学習であるとされる。

縦軸の演繹的という言葉は理系出身の読者ならばピンとくるだろうが、事実の積み重ねで解を見つけていくアプローチのことだ。これを人間が実施すると理論科学、コンピュータを利用するとCAEなどのシミュレーションに該当する。

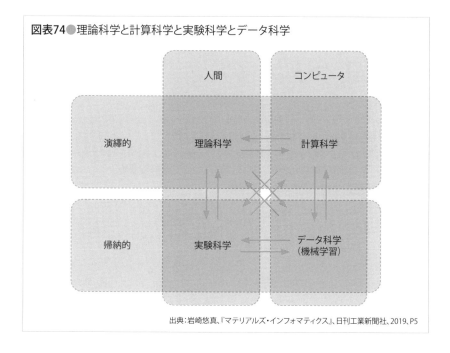

図表74●理論科学と計算科学と実験科学とデータ科学

	人間	コンピュータ
演繹的	理論科学	計算科学
帰納的	実験科学	データ科学 （機械学習）

出典：岩崎悠真、『マテリアルズ・インフォマティクス』、日刊工業新聞社、2019、P5

　帰納的とはその逆で、結果から類推してその理論やモデルを構築するアプローチである。設計分野では、実験からモデルを類推するアプローチがよく採られる。主に実験結果を元に統計解析するタグチメソッド[*2]はその代表だが、この4象限では実験科学に分類されるだろう。さらに、このような帰納的アプローチをサイバー空間で行うことが機械学習であるとされる。

■ マテリアルズ・インフォマティクス

　研究開発でもとくに材料開発では、機械学習の中のマテリアルズ・インフォマティクス（略してMI）という分野があり、すでに多くの事例や成果が発表されている先進的な領域である。機械学習により、材料の機能や特性からその構造や組成を明らかにするのである。また、MIのメリットは、実験と比べて高速なシミュレーションを利用できること、大量のデータを処理することで、人では発見しにくい新しい知見が得られることとされる。

[*2] タグチメソッドは製品や技術開発を効率化する手法で、結果データから制御因子（設計パラメータ）を最適化する統計的アプローチのこと。

開発プロセス・マネジメント

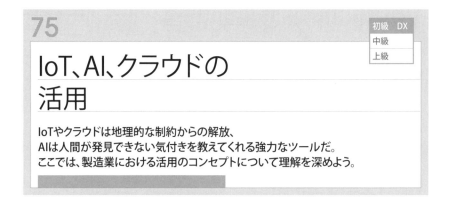

75

IoT、AI、クラウドの活用

IoTやクラウドは地理的な制約からの解放、
AIは人間が発見できない気付きを教えてくれる強力なツールだ。
ここでは、製造業における活用のコンセプトについて理解を深めよう。

　製造業の設計・生産プロセスはグローバルへの分散を拡大している。その影響で、全体を可視化してマネジメントする難易度は高くなっている。IoTやAI、クラウドなどの最新テクノロジーの活用は、時間と距離の短縮に貢献する。ここでは、その最新動向をご紹介する。

■ IoT、AI、クラウドの活用

　図表75は、国内外工場で発生している製造工程や生産設備の状況をIoTで情報収集、AIで分析し、その結果を設計、製造、保守にフィードバックするコンセプトである。

　IoTは、たとえば熱処理工程に用いる設備にセンサーを取り付けて温度変化をモニタリングする、部品検査の測定器にセンサーを取り付けて検査員が測定した寸法値を取り込むといった活用方法が考えられる。そして、これらの情報をクラウド上のデータベースに送信することで、世界中の工場で発生する生産状況に関する情報を蓄積するのだ。

　AI以前の時代では、多量のデータを蓄積してもただ眠っているだけで、何も価値を発揮していないことが多かっただろう。データ解析技術やその要員が確保されていなかったことが原因かもしれない。

　このコンセプトは、AIで解析後、製品品質や製造条件へのフィードバック、設備の故障予知、電力消費の最適化、部品交換時期の通知などの新しい知見につなげていく。そして同時に、データサイエンティストの育成も示唆している。

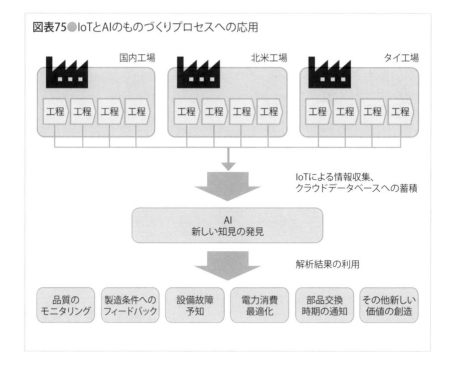

図表75●IoTとAIのものづくりプロセスへの応用

国内工場

北米工場

タイ工場

工程　工程　工程　工程

工程　工程　工程　工程

工程　工程　工程　工程

IoTによる情報収集、
クラウドデータベースへの蓄積

AI
新しい知見の発見

解析結果の利用

品質の
モニタリング

製造条件への
フィードバック

設備故障
予知

電力消費
最適化

部品交換
時期の通知

その他新しい
価値の創造

■■■ 地理的な制約からの解放

　グローバル化以前の工場における現場改善では、設計と生産工場が同じ敷地にあり、密なコミュニケーションの中で改善活動を進めることができた。しかし現代では、設計は日本、生産は海外工場というように場所が分散することが珍しくなくなった。その結果、設計者が別拠点で発生する非効率な生産プロセスの認識が容易でなくなった。本社にいる経営幹部も、複数工場で発生している事象をタイムリーに把握することができないので指示が遅れ、問題規模を大きくしてしまうことも多くなった。

　このコンセプトのもう1つのポイントは、情報収集や解析の効率化だけでなく、場所を問わず、世界中の製造現場で発生しているリアルタイム情報を把握し、全体最適のフィードバックを可能にすることだ。

　このコンセプトに類似する取組みは、第1章でも紹介したスマートファクトリーの事例でも具現化されつつある。今後、さらに新しい事例が発表され、活性化していくことだろう。

開発プロセス・マネジメント

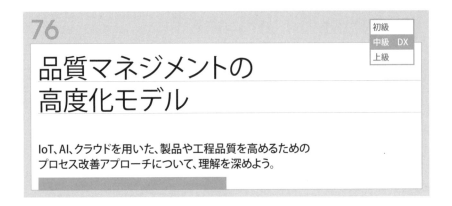

76

初級
中級 DX
上級

品質マネジメントの高度化モデル

IoT、AI、クラウドを用いた、製品や工程品質を高めるための
プロセス改善アプローチについて、理解を深めよう。

　75に引き続き、IoT、AI、クラウドの活用であるが、ここでは設計と生産技術にフォーカスした品質マネジメントの高度化モデルをご紹介する。

設計部門や生産技術部門の環境変化

　設計を国内で実施し、国内の別拠点や海外で生産する状況は珍しくなくなった。同じ拠点で生産することが普通だった時代には、設計者は生産現場に頻繁に行って完成した部品を手に取り、製造しやすい設計や精度を高くするための設計を理解・学習することができた。しかし、遠隔地での生産では、直接的に目で見て改善する機会は限定される。

品質マネジメントの高度化モデル

　図表76は、筆者が2015年に発表した品質マネジメントの高度化モデルである。設計どおりに部品を製造することを目的としたプロセス改善モデルで、主役は製品設計部門と生産技術部門である。設計した結果は、部品や生産設備として具現化される。そして、部品の品質や生産設備の製造条件を、タブレット端末や測定器、設備のインターフェースを介したセンサーでモニタリングして情報を収集する。システム的に情報を抽出できない場合には、検査員が目視で測定結果を読み取り、タブレット端末に入力することでデータ化する。そして、収集した情報をWi-Fi経由で、クラウド上にある品質データベースに蓄積する。

　部品の品質記録は、AI（機械学習）によって、複数の製造条件と測定結

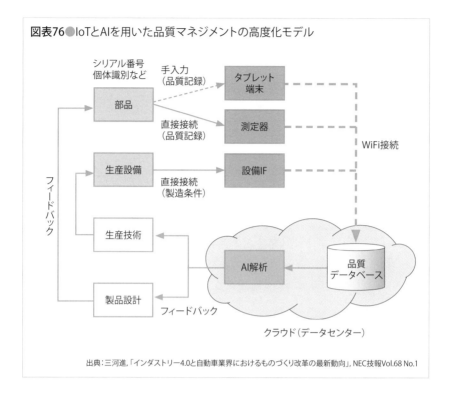

図表76●IoTとAIを用いた品質マネジメントの高度化モデル

シリアル番号
個体識別など

手入力
（品質記録）

部品

タブレット
端末

直接接続
（品質記録）

測定器

WiFi接続

生産設備

設備IF

フィードバック

直接接続
（製造条件）

生産技術

AI解析

品質
データベース

製品設計

フィードバック

クラウド（データセンター）

出典：三河進、「インダストリー4.0と自動車業界におけるものづくり改革の最新動向」、NEC技報Vol.68 No.1

果の間にある因果関係が解析される。ここで発見された知見は設計部門や生産技術部門にフィードバックされ、設計改善に役立てられる。

さらに、設計改善した結果を部品や生産設備に反映し、再度測定結果をAIで分析する。そして、本当に品質改善したかどうかを確認するといったサイクルを回すのである。

■ マネジメントサイクルの高速化

筆者はこのプロセスを品質マネジメントの高度化モデルと呼んでおり、その基本にはPDCAがある。設計部門と生産技術部門が設計し、計画値（基準）を定義する（P）。そして、製造ラインで測定した結果を実績値とする（D）。AIは計画と実績の乖離をチェックし、因果関係を分析する（C）。設計部門と生産技術部門は、AIからのフィードバックを確認し、計画値に更新する（A）。そして、このサイクルを高速化して、品質を高めていくのである。

77

BOPによる
品質コントロール

品質マネジメントの高度として、BOPとMESの組合わせによる、
品質コントロールの方法について理解を深めよう。

　76でIoTとAIによる品質マネジメントシステムの高度化モデルを紹介したが、ここではBOP（工程表）を用いた基準情報と実績の管理による品質コントロールの仕組みについて解説する。

■ コントロールプランとQC工程表

　IATF16949は、コントロールプラン*3の作成と実施を要求している。コントロールプランは、製品や部品、製造工程までの品質管理計画を定めている。従来からあるQC工程表*4をご存じの人も多いだろうが、コントロールプランと同等の概念である。

　いずれも、部品の製造工程ごとの設備や治工具、仕様値、測定方法、頻度、参照文書（図面や手順書など）などが管理項目として規定されている。

■ BOPによる基準と実績の管理

　図表77は、BOPによるコントロールプランやQC工程表の項目管理モデルである。PLMでは、部品と製造工程（BOP）が関連付けられて管理されていて、さらに各工程の管理項目として寸法や製造条件に関する情報が格納されている。

　基準情報と実績情報の管理方法についてだが、システムの特性上からPLMで基準情報を管理し、MESで実績情報を管理するのが妥当だろう。システムは別であったとしても、管理項目のキーを同一にすることにより、システム横断で基準と実績の比較を可能にすることは可能だ。

　仮に、基準と実績の間に乖離が発生した場合には、製品設計、工程設計、

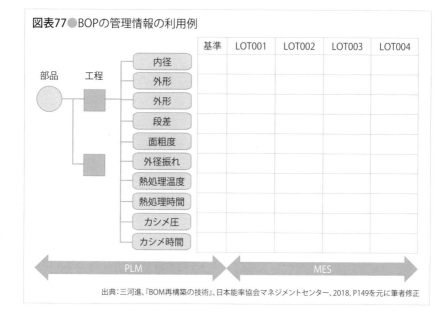

図表77●BOPの管理情報の利用例

	基準	LOT001	LOT002	LOT003	LOT004
内径					
外形					
外形					
段差					
面粗度					
外径振れ					
熱処理温度					
熱処理時間					
カシメ圧					
カシメ時間					

部品　工程

PLM ← → MES

出典：三河進、『BOM再構築の技術』、日本能率協会マネジメントセンター、2018, P149を元に筆者修正

生産設備の状態、製造条件、人為的な問題などの中から原因を特定し、対策を打つことになる。これらのすべての情報がデジタル化されていると、短いインターバルでスムーズにPDCAサイクルを回すことが可能になるというわけだ。

■ デジタイゼーションの推進

このモデルは部門横断の経営課題に対するアプローチなので、ここではDXに分類したが、紙の電子化、つまりデジタイゼーションができていることが前提条件である。

現代の製造業でも、製造ラインで検査員が紙上に品質を記録している状況は珍しくない。そして、何か品質問題が発生したときに、初めて紙をめくって問題の発生源を特定するようなプロセス成熟度に留まっている企業も多い。

DX化の前提として、紙での記録をタブレットへの入力に変更するといった地道なデジタイゼーションの取組みも必要なのだ。

＊3 コントロールプランとは、製品の製造を管理するために要求される、システムおよびプロセスを記述した文書。（出典：岩波好夫、『図解IATF16949要求事項の詳細解説』、日科技連出版社、2018年、p216）
＊4 QC工程表とは、Quality Control Chartのことで、工程単位に品質をコントロールするための管理特性や管理方法が記載されている。

開発プロセス・マネジメント

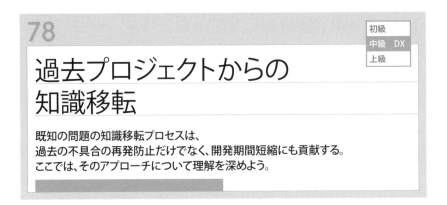

　70（p74）で解説したように、過去のプロジェクトからの知識移転はプロジェクトが解決せねばならない問題数を減少させ、開発期間短縮に貢献する。ここでは、いわゆるナレッジマネジメントとも呼べる知識移転プロセスについて解説する。

既知の問題に対する知識移転プロセス

　後ろ向きになりがちな不具合対策は、実はナレッジの宝庫である。**図表78**は既知の問題に対する知識移転サイクルを示す。図の左から右の方向に時系列になっているが、不具合がナレッジの起点になるので、右側の市場不具合を起点に解説する。

　①市場不具合については、即時対策を検討し、緊急対策を打つ必要がある。この結果は設計変更として最優先で対応される。

　②並行して、企業のナレッジに変換する。設計、購買、製造、品質保証横断チームを組織化する必要があるが、横断チームは、その不具合の真因を究明して再発防止策を定義する。同じ問題を引き起こさないように、不具合と再発防止策を関係づけて、知識移転データベースに登録する。

　③社内で発生した改善提案や設計変更依頼、製造不具合についても同様に、再発防止策策定後、知識移転データベースに登録する。

　④製品開発プロジェクトにおいては、プロジェクトマネージャーが再発防止策からDRで利用するチェックリストを作成し、レビュー計画を立案する。

　⑤製品開発プロジェクトのDRでは、チェックリストを用いたレビューを

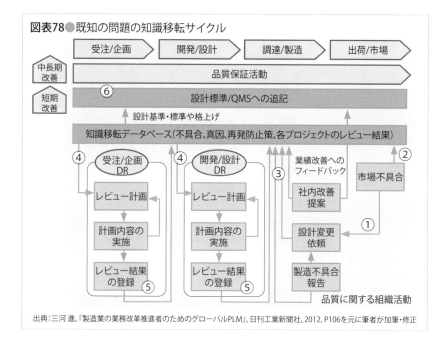

図表78 ● 既知の問題の知識移転サイクル

出典:三河 進、『製造業の業務改革推進者のためのグローバルPLM』、日刊工業新聞社、2012, P106を元に筆者が加筆・修正

実施し、その結果を知識移転データベースに登録し、プロジェクトのレ
ビューの計画と進捗の可視化ができるようにする。

⑥知識移転データベースに登録した再発防止策を、企業の設計標準や
QMS（品質マネジメントシステム）に格上げする。②と③の再発防止
策登録は即効策、設計標準への格上げは中期施策として実施する。

このような循環フローで、既知の問題に対する知識移転を実現していくの
である。

■ 属人的DRからの脱却

DRにおいては、体系化されたチェックリストがないと、過去の経験に基
づいた属人的なレビューになりやすい。また、この知識移転プロセスがあっ
たとしても、部門活動や一時的なものになっている企業も多い。**図表78**に
示したプロセスを企業レベルで定着化させることで、既知の問題を体系的な
ナレッジに変換し、客観的なDRの実現と不具合の再発防止、その先の開発
期間の短縮に貢献することが期待できる。

コラム10:よく使う分析ツール（定量分析）

ここでは、筆者がよく使用する分析ツールとして、定量分析をご紹介する。定量分析は、文字どおり現状業務の状態を定量的に分析し、問題の規模の大きさを特定したり、改善効果の定量化のためのデータとして利用される。

たとえば「BOMの精度の問題で手配ミスが発生している」というヒアリング結果があったとする。それに対して定量分析を行ったら（何回手配ミスが発生したかをデータに基づいてカウントしたら）、実際には「年間に数回しか発生していない」という事実が発覚した。これは、定性分析だけだと、優先順位上の判断ミスを発生させる危険性を示唆している。定性的に問題を把握したら、定量分析でその裏付けをとることが大切だ。

図は、ユニット別に設計変更の要因分析を行った結果である。これは設計変更に関する業務改善で用いられる定量分析手法であるが、無作為に変更件数削減の対策を考案するのではなく、主要因を定量的に特定した上で、対策を打つという考え方に基づいている。

この分析では、ユニットの種類と発生理由で分析している。もっとも変更が多いのはユニットDであり、理由としては、製造都合や内部仕様変更の比率が高いことが判明した。対策として、出図前のDFMA[1]の実施、内部仕様レビューの強化を挙げることができる。

[1] DFMA：Design For Manufacture and Assembly の略で、製造組立容易性設計のこと。

図表 ●よく使用する分析ツール：定量分析（設計変更）

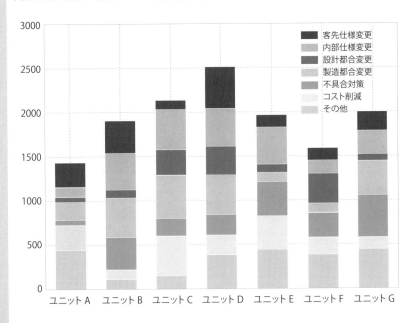

第11章

モジュラー設計

モジュラー設計は、
製品バリエーションの増加と品目数の最小化を両立し、
さらに受注から出荷までのリードタイムを大幅短縮できる可能性のある
画期的な設計手法である。
本章ではモジュラー設計の基本概念、擦り合わせ設計からの
変革方法、実践事例、情報管理のあり方について解説する。

モジュラー設計の
基本概念

モジュラー設計とは、多品種と品目数最小化を両立するための設計手法だ。
最初に、モジュラー設計の理想状態から理解を深めていきたい。

　ここでは、仕様の多様化と品目数の最小化の両立を実現するモジュラー設計について解説する。

■■■ モジュラー設計の目的

　モジュラー設計の目的は、仕様の多様化と品目数最小化の両立である。仕様の多様化とは、製品バリエーションの増加と同意である。通常、製品バリエーションを増加させると設計量が増え、品目数が増加する。品目数が増加すると、図面枚数、工程、在庫などが増加する。製品バリエーションの増加によって売上は増えるかもしれないが、それに対応するコストも増加し、利益が増加しないどころか、減少することもありうる。

　モジュラー設計とは、この問題を解決するための設計手法、コンセプトである。

■■■ 固定変動分析

　固定変動分析とは、モジュラー設計においてキーとなる分析方法であり、構成・仕様分析とも呼ばれる。仕様変動に対する部品やユニットの固定と変動状態を可視化し、仕様とユニットや部品の独立性に関する現状分析や改善に使用するツールである。

　図表79に示す固定変動分析は2次元マトリクスであり、横軸に仕様、縦軸に部品やユニットを記入する。さらに、仕様とそれが変動すると影響を受けるユニットとの交点に○を付ける。この分析により、製品全体やユニットにお

図表79●モジュラー設計の理想状態

モジュラー設計の理想状態

基準	仕様A	仕様B	仕様C
ユニットX	○		
ユニットY		○	
ユニットZ			○

モジュラー設計の実現例（PC）

基準	処理速度	記憶容量	表示解像度
CPU	○		
HDD		○	
モニター			○

ける仕様に対する固定変動関係を可視化することができる。

モジュラー設計の理想状態

　図表79の上図は、モジュラー設計の理想状態を示す抽象モデルだ。対角線上にだけ○が記入されているが、これは仕様とユニットの固定変動関係が一対一であることを意味する。つまり、ある仕様とユニットの関係は、他の仕様やユニットに対して独立の関係であることを示している。これが、モジュラー設計の理想状態である。

　図表79の下図は、PCを題材としたモジュラー設計の理想状態の例だ。処理速度とCPU、記憶容量とHDD、表示解像度とモニターはそれぞれ一対の関係にある。たとえば処理速度の仕様が変更になったとしても、HDDやモニターには関係がなく、CPUだけを別品目にすれば対応できることを意味する。他も同様である。したがって、この状態が実現できると、仕様値の増加に対して、最小の品目数で対応可能になるというわけだ。

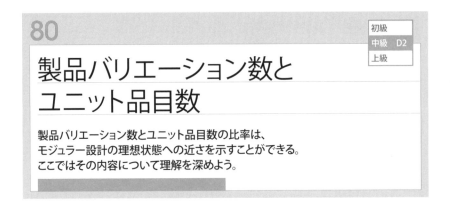

80

製品バリエーション数と
ユニット品目数

製品バリエーション数とユニット品目数の比率は、
モジュラー設計の理想状態への近さを示すことができる。
ここではその内容について理解を深めよう。

ここでは、モジュラー設計実現時の製品バリエーション数とユニット品目数の関係について考察する。

製品バリエーション数

図表80の左図は、**図表79**上図の抽象モデルに対して、各仕様の仕様値数を仮定した場合の、製品バリエーション数をシミュレーションしたものである。

仕様Aの仕様値が3種類、仕様Bが4種類、仕様Cが5種類あったとすると、仕様値の組合わせは60パターンできることになる。仕様値の組み合わせ、すべてが技術的に成立するとすると、仕様値違いの製品バリエーション数は60種類存在する。つまり、製品バリエーション数は仕様値数の積で表現できるというわけだ。

ユニット品目数

図表80の右図は、抽象モデルにおいて、仕様値数が上記のように設定された場合に必要となるユニット品目数をシミュレーションした結果である。

仕様とユニットは独立関係にあるので、仕様Aが3種類であれば、ユニットXは3品目必要となる。他の仕様とユニットについても同様だ。したがって、それぞれのユニットの品目数は3品目、4品目、5品目なので、合計12品目準備すれば、60種類の製品バリエーションに対応できるということになる。

モジュラー設計の理想状態では、必要なユニット品目の総数は、仕様値数の和と同じになることがわかる。

図表80●製品バリエーション数とユニット品目数のシミュレーション

仕様A：3種類の仕様値　　　　　ユニットX：3品目

×　　　　　　　　　　　＋

仕様B：4種類の仕様値　　　　　ユニットY：4品目

×　　　　　　　　　　　＋

仕様C：5種類の仕様値　　　　　ユニットZ：5品目

‖　　　　　　　　　　　‖

仕様値の組合わせ：　　　　ユニット品目数合計：
（製品バリエーション数）　　　　12品目
60パターン

モジュラー設計の評価

　ここまでの説明で理解してもらえただろうが、モジュラー設計の理想状態の実現のためには、製品バリエーションは仕様値数の積、ユニット品目数は各仕様値数の和となる関係を、設計の中でいかに成立させるかがポイントとなる。

　仮に、まったくユニットの共通性を考慮しないで設計すると、仕様値の組合わせに対する個別設計が必要となる。つまり、60種類の製品バリエーションに対して、各60品目のユニット設計をしなければならないので、ユニットの共通化がまったくなければ最悪180（60パターン×3ユニット品目）のユニット品目が必要ということになる。

　したがって、「製品バリエーション数／ユニット品目数」は、モジュラー設計の完成度や設計効率性を評価する指標になりえると考えることができる。

初級	
中級	D2
上級	

バリエーション設計の効率化

効率的に多品種設計を進めるためには、ユニットの仕様に対する独立性や、
ユニット間の共通化が重要であることを示した。
ここでは、その効率性についてさらに考察を進める。

80では、モジュラー設計の評価指標として「製品バリエーション数／ユニット品目数」を提言した。ここでは本指標を用いて、モジュラー設計における設計効率について理解を深める。

■■ 仕様値数と品目数の関係

顧客からの要求仕様に対して、事前に標準化して準備したユニット（モジュール）で対応することは、個別受注型製造業が目指す理想の業務モデルである。このとき、製品バリエーション数（標準仕様値の組合わせ）をどの程度詳細に設定すべきかは悩ましい課題である。標準仕様値数を増やせば、顧客満足度や競争力を高めることができるが、その代わりに事前に準備すべきユニットの品目数は増加する。

図表81-1は、仕様値数を増減した場合の必要なユニット品目数と、「製品バリエーション数／ユニット品目数」をシミュレーションしたものである。そのベースは**図表80-2**の数値を元にしたものであり、バリエーション増加案は仕様値数をそれぞれ1ずつ増加、バリエーション減少案は逆に仕様値数を1ずつ減少させた。

結果を見ると、仕様値数を増加させると「製品バリエーション数／品目数」は増加することがわかる。したがって、モジュラー設計の理想状態が実現できるならば、仕様値数を増加させ、品目数は自社のリソースで対応できる最大をねらうべきということが結論となる。

図表81-1●仕様値数とユニット品目数のシミュレーション

検討案	項目	仕様A ユニットX	仕様B ユニットY	仕様C ユニットZ	合計	製品バリエーション数 ／ユニット品目数
ベース	仕様値数	3	4	5	60	5.0
ベース	ユニット品目数	3	4	5	12	5.0
バリエーション 増加案	仕様値数	4	5	6	120	8.0
バリエーション 増加案	ユニット品目数	4	5	6	15	8.0
バリエーション 減少案	仕様値数	2	3	4	24	2.7
バリエーション 減少案	ユニット品目数	2	3	4	9	2.7

図表81-2●車種数とエンジン型式数（1990年代初頭）

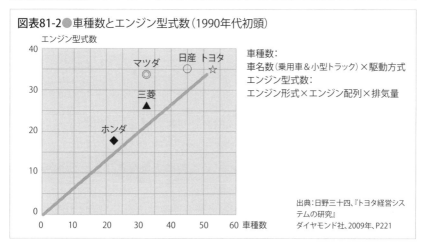

車種数：
車名数（乗用車＆小型トラック）×駆動方式
エンジン型式数：
エンジン形式×エンジン配列×排気量

出典：日野三十四、『トヨタ経営システムの研究』
ダイヤモンド社、2009年、P221

■■ 自動車におけるモジュラー設計

　自動車は車種（製品バリエーション）が多く、以前からユニットや部品の共通化が業界全体で推進されてきたことが知られる。

　図表81-2は20年ほど前のデータであるが、国産自動車メーカの車種数とエンジン型式数をプロットしたものである。車種数は製品バリエーション数、エンジン型式数はユニット品目数と読み換えることができる。そして、傾きはその比率を示している。縦軸、横軸の関係で、傾きの大小は逆に考える必要があるが、「製品バリエーション数／ユニット品目数」を評価指標とすると、トヨタがもっとも効率的にバリエーション開発をしていたことが読み取れる。

82

擦り合わせ設計から
モジュラー設計への移行

初級
中級 D2
上級

実際に固定変動分析を実施すると、ほとんどの製品は
擦り合わせ設計になっていて、モジュラー設計の理想状態から離れた状態である。
ここでは、理想状態への移行アプローチについて理解を深めよう。

81までは理想状態をベースに考察を進めてきたが、ここでは擦り合わせ設計からモジュラー設計に移行するためのアプローチについて解説する。

擦り合わせ設計とは？

擦り合わせ設計とは、モジュラー設計と対極の概念で、複数のユニットを調整して、仕様を実現する設計アプローチである。といっても珍しいものではなく、日本の製造業はこれを強みにして製品を最適設計し、市場が求める製品を供給してきた。

図表82の左図は、固定変動分析の視点で見た擦り合わせ設計の状態を示す。たとえば仕様Cを実現するために、ユニットX、Y、Zを調整している。また、ユニットYは仕様A、B、Cのことを考慮して調整する必要がある。つまり三つ巴の状態になっているのだ。この場合、仕様Aが3種類、仕様Bが4種類、仕様Cが5種類で、製品バリエーションが60通りあったとすると、ユニット品目数はいくつあれば満足するのか、設計してみなければわからない。

モジュラー設計へのアプローチ

擦り合わせ設計からモジュラー設計への移行方法としては、設計ルールを整備することが有力なアプローチだ。**図表82**の中央図がそれを示す。左図と比べると、交点以外の〇が削減され、対角線以外では仕様BとユニットZの交点の〇が付いた状態になっている。ほぼモジュラー設計の状態だといえる。

図表82●モジュラー設計への移行アプローチ

設計ルールが未整備の状態
（擦り合わせ設計）

基準	仕様A	仕様B	仕様C
ユニットX	○		○
ユニットY	○	○	○
ユニットZ		○	○

設計ルールが整備された状態
（ほぼモジュラー設計）

基準	仕様A	仕様B	仕様C
ユニットX	○		
ユニットY		○	
ユニットZ		○	○

固定部品を設定した状態
（モジュラー設計）

基準	仕様A	仕様B	仕様C
ユニットX	○		
ユニットY			
ユニットZ		○	○

　この変化は、設計ルールの整備がもたらすものである。左図では仕様実現のためのルールはとくになく、どのユニットを使って調整してもよかった。しかし、中央図では「仕様C実現のためには、ユニットZだけを調整する」「仕様Aの実現のためにはユニットXだけを調整する」などといったルールを組織的に決めているのだ。

　右図は、さらにモジュラー設計の検討を進めた状態である。ユニットYは仕様に依存せず、常に固定とするルールを定めている。モジュラー設計の推進のためには、固定ユニット、固定部品を増加することが重要なファクターだ。

　設計ルールの整備によるモジュラー設計への移行だけでなく、技術的にユニットの独立性を図るアプローチも考えられる。他のユニットの変動の影響を受けない設計に変えるのである。いずれにしても、固定変動分析で現状の仕様と構成（ユニット）の関係を明らかにし、どこを改善するかを議論できる状態にすることが大切だ。

モジュラー設計

83

モジュラー設計と
デカップリングポイント

デカップリングポイントとは在庫ポイントのことであり、
その位置により、受注から出荷までのリードタイムが変わる。
モジュラー設計とデカップリングポイントの関係について考察しよう。

　ここでは、モジュラー設計と在庫戦略の1つであるデカップリングポイントとの関係について解説する。

■ デカップリングポイントとは？

　デカップリングとは直訳で分離という意味だが、SCM観点では見込み生産と受注生産の分岐点で、在庫ポイントを指す。**図表83**に、生産方式とデカップリングポイントの関係を示した。順に確認しよう。

1. 見込み生産（MTS：Make To Stock）：組立完了まで見込み生産してから在庫化し、受注や販売計画に対応して出荷する方式である。大量生産品はこれに分類される。

2. 受注組立生産（ATO：Assemble To Order）：部品の加工または調達まで完了し、受注に対応して、組立・出荷する方式である。

3. 受注仕様生産（CTO：Configuration To OrderまたはBTO：Built To Order）：受注仕様に対応してユニットやモジュールの組合わせで組立を行い、出荷する方式である。PCや自動車がこの生産方式の代表製品である。モジュラー設計はこの方式を目指している。

4. 繰返し受注生産（MTO：Make To Order）：受注後、材料や部品を調達し、組立後、出荷する生産方式である。生産設備のリピートオーダ品などは、この方式で対応される。

5. 個別受注生産（ETO：Engineering To Order）：受注仕様に対して設計し、部品調達／加工、組立、出荷する生産方式である。生産設備などいわゆ

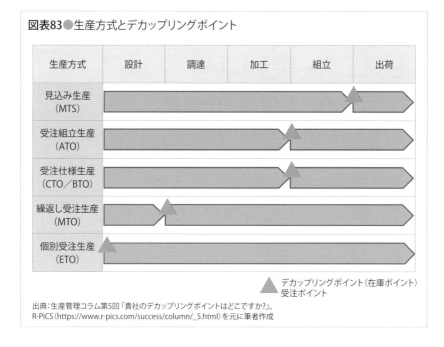

図表83●生産方式とデカップリングポイント

生産方式	設計	調達	加工	組立	出荷
見込み生産（MTS）					
受注組立生産（ATO）					
受注仕様生産（CTO／BTO）					
繰返し受注生産（MTO）					
個別受注生産（ETO）					

▲ デカップリングポイント（在庫ポイント）受注ポイント

出典：生産管理コラム第5回「貴社のデカップリングポイントはどこですか?」、R-PiCS（https://www.r-pics.com/success/column/_5.html）を元に筆者作成

る一品モノと呼ばれる製品がこれに分類される。モジュラー設計により大幅な改善が期待できる方式だ。

■ モジュラー設計のデカップリングポイントのシフトのねらい

個別受注生産におけるモジュラー設計は、デカップリングポイントの概念におけるETOからCTOへの変革である。これにより、ETOにおける設計から組立完了までのリードタイムに対して、CTO型に変革し、在庫ポイントを組立の直前に設定することで受注から出荷までのリードタイムを大幅に短縮することをねらっている。

ただし、カスタム設計は残るので、ETOがすべてCTOにできるわけではない。CTOにできる対象を多くすることによって、仕様選択によりモジュールを決定できる部分を極大化することをねらっているが、ETOとして実施するプロセスについては、全体リードタイムのボトルネックにならないような対策が必要だ。対策については、**85**（p206）、**86**（p208）で解説するので、それらを参照願いたい。

84

モジュラー設計の
営業戦略への適用事例

モジュラー設計は、営業段階から標準仕様に誘導し、
特注設計の抑制、低価格、短納期での出荷に貢献する。ここでは、
モジュラー設計を用いた営業改革方法について理解を深めよう。

ここでは、モジュラー設計を営業戦略に適用した、仕様の標準化事例を解説する。

■■■ 営業戦略上の課題と対策

A社は個別受注生産型の生産設備メーカである。A社は、この製品分野においてグローバルでトップシェアを誇る企業で、その強みは、顧客要求に対する特注設計による対応力であった。しかし、競争激化により特注ボリュームが年々増加し、設計部門の負荷増大が問題視されていた。経営的には、売上は右肩上がりであったが、人件費がかさみ、利益は逆に減少傾向にあった。

経営幹部はこの問題を分析し、結成したプロジェクトチームに対して、受注仕様の標準化と、提案型営業による標準仕様への誘導の検討を指示した。

■■■ 仕様値の標準化

プロジェクトチームはこの指示を受けて、仕様値の見直しとモジュラー設計による部品の共通化検討を開始した。検討チームには、営業と設計の実務リーダを参画させた。

最初に過去案件の受注仕様を分析した結果、受注仕様の書式は非定型であり、同じ仕様でも異なる言葉で表現されているものが多いことが判明した。

図表84-1は、仕様値をベース、オプション、カスタマイズに再整理するための仕様値体系見直しのコンセプトである。ベースは低価格で短納期、オプションはベースに付加価値を上乗せした価格でベースよりもやや長い納期、

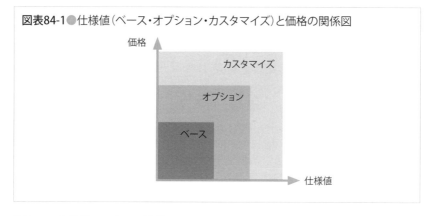

図表84-1●仕様値（ベース・オプション・カスタマイズ）と価格の関係図

図表84-2●仕様マスターの抜粋

仕様項目	ベース	オプション1	オプション2	カスタマイズ
移動量（距離）	700mm	1000mm	－	カスタマイズ
移動量（角度）	45°	60°	75°	カスタマイズ
作業面積	400×400	600×600	800×800	カスタマイズ
電源	AC200V	AC220V	AC400V	カスタマイズ
主軸回転速度	50-1000	100-2000	150-3000	カスタマイズ
エアー源	0.5MPa	0.5MPa以上	－	カスタマイズ
…				

カスタマイズは、納期とコストは都度見積とすることで、標準仕様に誘導しやすくした。**図表84-2**は、検討結果として整理した仕様マスターの抜粋である。

■ **受注コンフィグレータの導入**

　次にプロジェクトチームは、受注コンフィグレータ（**88**（p214）参照）を導入することにした。このシステムを使うことで、標準化した仕様を顧客と議論しながら選択式で仕様値を決定することが可能になる。選択が完了すると、カスタマイズ指示された仕様値以外は、すべて標準モジュールが引き当てられ、見積を即時出力できるのである。

　A社は、営業の前線で受注コンフィグレータを用いて、標準仕様に極力誘導するスタイルへの変革を計画し、実行に移したのである。

85

モジュラー設計の
3D設計への適用事例 (1)

次に設計部門におけるモジュラー設計の適用事例を解説する。
ここで紹介する方式は、多くのモジュールを事前準備する必要がなく、
ボトムアップ的に開始できるので、取り組みやすいことが特長だ。

　モジュラー設計は3D設計にも応用可能だ。3D設計の効率化のために実践
された事例を解説する。

品質問題の発生

　工作機械メーカB社は、顧客要求に対応して標準製品をカスタマイズし、
完成品を顧客に納入する設計・生産方式を採用していた。しかし、ある案件
で品質不具合を発生させ、大きい損失を被る事態が発生した。

　B社の経営幹部が問題を分析したところ、流用設計に原因があることが判
明した。設計者は、不具合が潜んでいるユニット（後に調査したところ、過
去案件でも不具合を発生させた）を流用してしまい、同じ不具合を担当案件
でも発生させてしまったということであった。

　B社の経営幹部は流用設計による設計効率化は奨励していたが、流用設計
のリスクを再認識した。そこで、設計改革のプロジェクトチームを発足し、
共通ユニットの品質管理を行い、設計者が安全に流用設計できる環境を構築
するように指示した。

モジュラー設計の導入

　プロジェクトチームが設計改革専門のコンサルタントに問題の解決方法を
相談したところ、モジュラー設計の提案がなされた。提案の新しい設計コン
セプトは、**図表85**のようなものであった。

　設計コンフィグレータに仕様情報を入力すると、3DCAD内に設定された

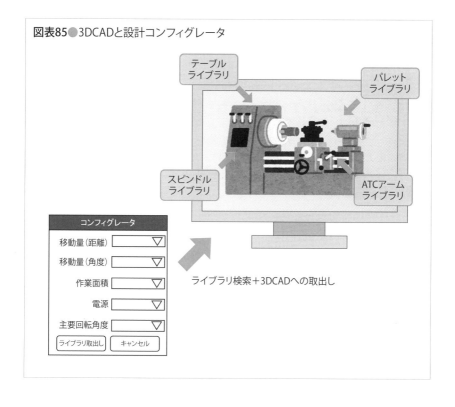

図表85●3DCADと設計コンフィグレータ

テーブル
ライブラリ

パレット
ライブラリ

スピンドル
ライブラリ

ATCアーム
ライブラリ

コンフィグレータ

移動量（距離）

移動量（角度）

作業面積

電源

主要回転角度

ライブラリ取出し　キャンセル

ライブラリ検索＋3DCADへの取出し

ライブラリから仕様値に対応するユニットや部品が3DCADのワークエリア
にダウンロードされ、そこから設計を開始できるというものであった。

　設計コンフィグレータとは、仕様値に対応する部品番号をもつ3Dモデル
を引き当てる機能をもつシステムであり、3DCADにアドオンできる。仕様
選択画面上で、移動量（距離）や作業面積や電源を選択すると、3DCADのワー
クエリアに仕様に対応する3Dモデルがライブラリから作業エリアにダウン
ロードされるのだ。

　また、ライブラリに格納されたユニットや部品は改訂が重ねられ、設計標
準化部門により品質と同一仕様であれば最低コストであることが保証されて
いて、設計者は安心して使用できる。さらに、ライブラリの3Dモデルは、
仕様に対して関係付けられているため、同じ仕様のユニットや部品を二度と
設計することがないメリットもある。

　このライブラリの作成方法については、**86**（p208）で解説する。

モジュラー設計

207

86

モジュラー設計の
3D設計への適用事例 (2)

**85のライブラリとは、仕様⇒部品番号変換マスターと、
標準化した3Dモデルのことである。本項では、
変換マスターの作成方法について理解を深めよう。**

　設計コンフィグレータの重要な要素である仕様 ⇒ 部品番号変換マスター
の概念とその作成方法について解説する。

■ 仕様から部品番号への変換

　図表86-1は、パレットというユニットの仕様 ⇒ 部品番号変換マスターの
抜粋であり、仕様値の決定により部品番号が決定され、それに対応する3D
モデルを引き当てることができる。左から1～3列目まではパレットの変動
仕様の仕様値の組合わせの展開結果である。この表に現れる仕様値は、移動
量（距離）は700mm、1000mm、作業面積は400 × 400mm^2、600 × 600
mm^2、800 × 800 mm^2、主軸回転速度は50～1000rpm、100～2000rpm、
200～3000rpmである。

　左から4列目は、仕様値の組合わせに関する実現可否を表現するフラグだ。
可否が○であれば技術的に可能、×なら不可能であることを示す。×の組合
わせが選択された場合、設計コンフィグレータはエラーをユーザ（3D CAD
の画面）に返す。

　左から5～7列目は、部品番号、リビジョン、部品名称であり、部品番号
とリビジョンでライブラリの3Dモデルを引き当てる。最新リビジョンのモ
デルは、その時点で最高品質、最低コストであることを設計標準化部門が保
証している。

図表86-1 ● 仕様⇒部品番号変換マスター

仕様値の組合わせの技術的な可否

仕様値の組合わせ（全展開結果） ｜ 部品番号、リビジョン、部品名称

移動量（距離） (mm)	作業面積 (mm²)	主軸回転速度 (rpm)	可否	部品番号	リビジョン	部品名称
700	400x400	50-1000	○	Y357519	A	パレット
700	400x400	100-2000	○	Z693645	B	パレット
700	400x400	200-3000	○	Z509575	C	パレット
700	600x600	50-1000	○	X929323	C	パレット
700	600x600	100-2000	○	X281147	B	パレット
700	600x600	200-3000	○	X551582	E	パレット
700	800x800	50-1000	○	X720651	B	パレット
700	800x800	100-2000	○	Z813383	D	パレット
700	800x800	200-3000	○	X722342	G	パレット
1000	400x400	50-1000	○	Y319494	A	パレット
1000	400x400	100-2000	○	Y923084	B	パレット
1000	400x400	200-3000	×	X746896	E	パレット
1000	600x600	50-1000	○	Y672624	D	パレット
1000	600x600	100-2000	○	Z246763	A	パレット
1000	600x600	200-3000	×	Y562187	B	パレット
1000	800x800	50-1000	○	X432840	B	パレット
1000	800x800	100-2000	○	Y215313	E	パレット
1000	800x800	200-3000	○	Z350364	C	パレット
…	…	…		…		…

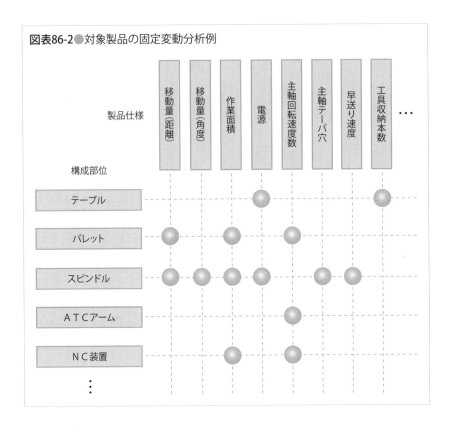

図表86-2●対象製品の固定変動分析例

	移動量（距離）	移動量（角度）	作業面積	電源	主軸回転速度数	主軸テーパ穴	早送り速度	工具収納本数	…
製品仕様									
構成部位									
テーブル				●				●	
パレット	●		●						
スピンドル	●	●	●			●	●		
ＡＴＣアーム					●				
ＮＣ装置			●		●				

固定変動分析

　仕様 ⇒ 部品番号変換マスターは直接的に作成できるわけではなく、ユニットや部品の変動要素となる仕様を把握するための固定変動分析が必要だ。**図表86-2**は、対象製品（工作機械）の全体の固定変動分析結果である。横軸には顧客が選択する製品仕様、縦軸には構成部位（ユニット）が記載されている。

　この分析結果から、パレットを変動させる仕様は、移動量（距離）、作業面積、主軸回転速度であることが特定された。この結果を用いて仕様値展開し、仕様 ⇒ 部品番号変換マスターの左から1〜3列目は作成されたのである。

モジュラー設計の
リードタイム短縮への適用事例 (1)

モジュラー設計改革の総合的なものとして、リードタイム短縮事例をご紹介する。
営業、設計、生産（調達）の各フェーズでの対策が要求された。

　ここから89（p216）まで、個別受注生産型製造業におけるモジュラー設計によるリードタイム短縮事例を解説する。

■ リードタイム短縮の市場要求

　電気設備メーカC社は、個別受注生産型の製造業である。海外市場への参入のためには、受注から出荷までのリードタイムの大幅短縮が経営課題であった。C社の経営幹部は、プロセス改革プロジェクトを結成し、プロジェクトリーダにリードタイム短縮の問題分析と対策の実施を指示した。

■ 各プロセスの問題と対策

　図表87-1は、営業、設計、調達、製造の各プロセスにおける問題、原因、対策を検討した結果だ。営業プロセスでは仕様決定、見積作成、設計プロセスでは受注後の仕様確認やカスタム設計対応工数の発生、調達プロセスではフォーキャスト手配の精度、製造は組立リードタイムが問題として取り上げられた。

　リードタイム短縮実現のために、ETOからCTOへのシフト（**83**（p202）参照）、受注コンフィグレータの活用、標準仕様への誘導営業、設計プロセスにおけるカスタム設計の効率化、フォーキャスト手配の精度を向上するための受注確度の共有、FC-BOMによる先行手配を検討することになった。

■ モジュラー設計のコンセプト

　図表87-2は、ETOからCTOに変革するエンジンとなるモジュラー設計の

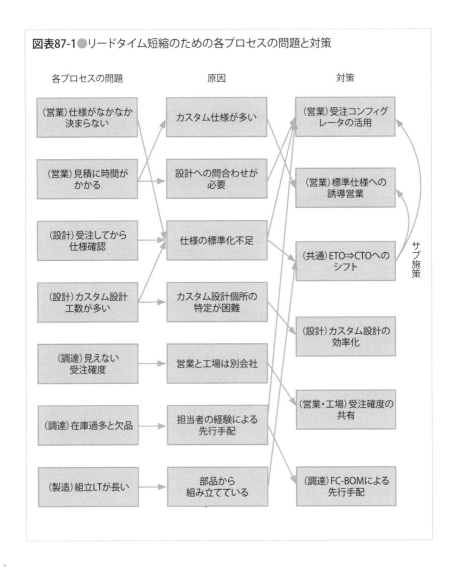

図表87-1●リードタイム短縮のための各プロセスの問題と対策

各プロセスの問題	原因	対策
(営業)仕様がなかなか決まらない	カスタム仕様が多い	(営業)受注コンフィグレータの活用
(営業)見積に時間がかかる	設計への問合わせが必要	(営業)標準仕様への誘導営業
(設計)受注してから仕様確認	仕様の標準化不足	(共通)ETO⇒CTOへのシフト
(設計)カスタム設計工数が多い	カスタム設計個所の特定が困難	(設計)カスタム設計の効率化
(調達)見えない受注確度	営業と工場は別会社	(営業・工場)受注確度の共有
(調達)在庫過多と欠品	担当者の経験による先行手配	(調達)FC-BOMによる先行手配
(製造)組立LTが長い	部品から組み立てている	

サブ施策

コンセプトである。一番左にあるのが、モジュラー設計の標準マスターである標準BOMだ。左から二番目の業務の営業設計・見積で仕様が決定され、それに対応する標準BOMが引き当てられる。オーダ設計では、それらの組合せに特注設計部が追加されて、製番*1 E-BOMが作成される。製番E-BOMが最終化された後、ERPに転送され、製番M-BOMが完成する。

製番別生産BOMはオーダ別生産計画とロット生産計画の二層構造になっ

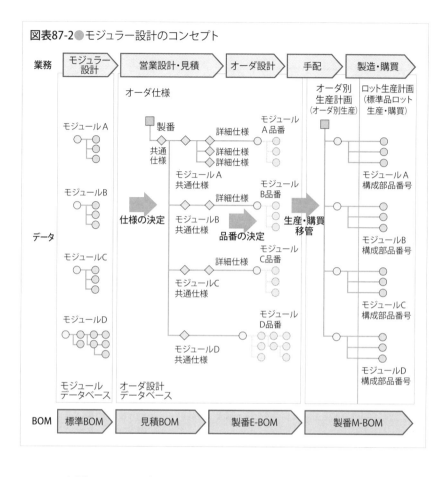

図表87-2●モジュラー設計のコンセプト

| 業務 | モジュラー設計 | 営業設計・見積 | オーダ設計 | 手配 | 製造・購買 |

データ

モジュール A
モジュール B
モジュール C
モジュール D

モジュールデータベース

オーダ仕様
製番
共通仕様

モジュール A 共通仕様
モジュール B 共通仕様
モジュール C 共通仕様
モジュール D 共通仕様

詳細仕様
詳細仕様
詳細仕様
詳細仕様
詳細仕様

仕様の決定

モジュール A 品番
モジュール B 品番
モジュール C 品番
モジュール D 品番

品番の決定

オーダ設計データベース

オーダ別生産計画（オーダ別生産）

ロット生産計画（標準品ロット生産・購買）

生産・購買移管

モジュール A 構成部品番号
モジュール B 構成部品番号
モジュール C 構成部品番号
モジュール D 構成部品番号

| BOM | 標準BOM | 見積BOM | 製番E-BOM | 製番M-BOM |

ていて、標準BOMで設定された品目はロット生産計画で調達される。また、オーダ固有部分（ASSYや製番専用部品）はオーダ別生産計画で部品調達や組立指示がなされるのである。

　プロセス改革チームは、この全体コンセプトを中核として、他の施策を具体化し、実現させていった。

＊1製造番号の略で、生産オーダごとに割り当てられた番号のこと。個別受注生産方式では、製番毎にBOMが作成、管理される。

88

モジュラー設計の
リードタイム短縮への適用事例（2）

受注コンフィグレータを用いて受注仕様を決定し、見積書（見積BOM）を作成し、
見積BOMを用いてフォーキャスト（部品の見込み手配）にもつなげていく
プロセスについて、理解を深めよう。

　87の続きであるが、ETOからCTOへのシフトの中核となる受注コンフィ
グレータとその活用シーンについて解説する。

■ 受注コンフィグレータの構成

　図表88-1は受注コンフィグレータの構成図である。受注コンフィグレータ
は、仕様情報をインプットとし、見積BOM（見積に必要なモジュールレベ
ルのBOM、価格情報が付与されている）とFC-BOM（先行手配用のフォーキャ
ストBOM、末端部品まで展開されている）をアウトプットする。受注コンフィ
グレータは、仕様マスター（**図表84-2参照**）、仕様 ⇒ 部品番号変換マスター（**図
表86-1参照**）、モジュール品番とコストを管理するモジュールマスター、仕
様間の禁則ルールを定義するルールマスターから構成される。
　図表88-2に、受注コンフィグレータの2つの活用シーンを示した。

■ 商談での活用

　まず、営業段階の商談における活用である。受注コンフィグレータではベー
スやオプションなど標準化された仕様と仕様値を画面上に表示することがで
きるので、営業担当者と顧客はその画面を使って、受注仕様を選択して決定
していく。
　仕様選択が完了すると、該当するモジュールの品番とコストが引き当てら
れ、見積BOMとコスト明細を含んだ見積書が自動的に生成される。修正時
はその場で更新した見積を作成することも可能だ。

図表88-1●受注コンフィグレータの構成図

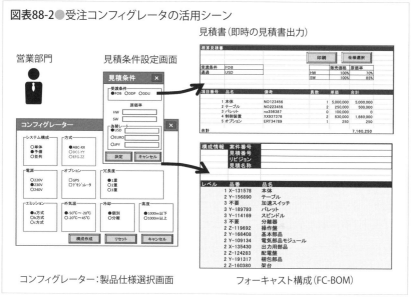

図表88-2●受注コンフィグレータの活用シーン

先行手配での活用

次に、生産管理や調達担当者が先行手配する際の活用である。受注確度が高い場合、受注コンフィグレータを用いてFC-BOMを出力する。FC-BOMをERPに登録すると、MRP処理により、部品の手配計画が立案される。引付発注（部品の必要日から逆算した発注）を行う仕組みになっているので、受注後手配でも間に合うものはその時点では発注されないが、受注後手配で間に合わない長納期品は、受注前でも発注またはサプライヤへの開示を行う。43（p104）の「長納期品調達の対応方法」も合わせてご確認いただきたい。

モジュラー設計

89

モジュラー設計の
リードタイム短縮への適用事例（3）

リードタイム短縮事例の最終項である。
見積BOM（仕様確定版）をPLMに取り込み、追加設計が必要な部分を
特定するプロセスについて、理解を深めていこう。

　ここでは、C社のカスタム設計の効率化事例を解説する。カスタム設計効率化については、**85**（p206）、**86**（p208）も合わせて参考にしていただきたい。

PLMシステムにおける追加設計部品の特定

　図表89は、受注コンフィグレータのアウトプットである見積BOMの最終版（受注確定時点の仕様に対する出力結果）をPLMシステムにインポートし、追加設計が必要な部品を特定しているシーンである。

　下図のPLMシステムの画面は、本プロジェクト用にカスタマイズしたものである。設計者が入手した見積BOMをPLMシステムにインポートすると、製番E-BOMが生成される。すでに登録済の部品は●、登録されていないものは●で表示される。つまり、黒色の部品はすでに設計済なので対応不要だが、●は未設計なので、追加設計が必要ということを示す。

　設計者は、未登録のユニットや部品を設計し、PLMに3Dモデルや図面と共に登録する。すべての部品が完成したら、製番E-BOMを承認依頼し、正式化後、生産工場にリリース（出図）する。

設計工数削減とリードタイム短縮への貢献

　設計者にとって、上述した未登録部を特定することは、仕様確定時にすぐに追加設計する部品を特定できることに意味がある。この改革以前のC社の設計者は、受注仕様をもとに、設計に必要な仕様の調査と顧客との仕様調整、仕様に対応する図面の検索と引き当て、追加設計の必要が部品や図面を

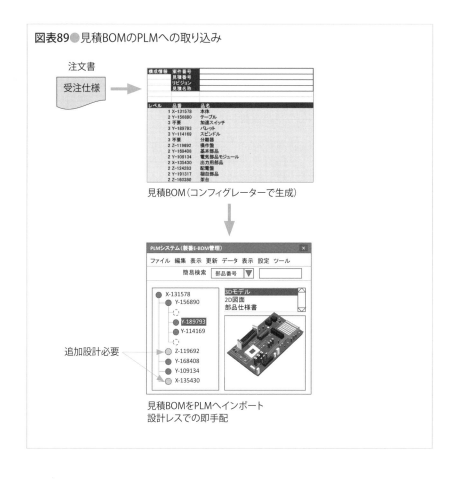

図表89●見積BOMのPLMへの取り込み

注文書

受注仕様

積算情報 案件番号
見積番号
リビジョン
見積名称

レベル	品番	品名
1	X-131578	本体
2	Y-156890	テーブル
3	不要	加速スイッチ
3	Y-189793	パレット
3	Y-114169	スピンドル
3	不要	分離器
2	Z-119692	操作盤
2	Y-168408	基本部品
2	Y-109134	電気部品モジュール
2	X-135430	出力部品
2	Z-124283	配電盤
2	Y-101317	梱包部品
2	Z-160380	架台

見積BOM(コンフィグレーターで生成)

PLMシステム(製番E-BOM管理)

ファイル　編集　表示　更新　データ　表示　設定　ツール

簡易検索　部品番号

● X-131578
　● Y-156890
　　○ Y-189793
　　● Y-114169
追加設計必要 → ○ Z-119692
　● Y-168408
　● Y-109134
　○ X-135430

3Dモデル
2D図面
部品仕様書

見積BOMをPLMへインポート
設計レスでの即手配

マニュアルで特定する必要があった。

　しかし改革後において、追加設計部分の特定は、見積BOMをPLMシステムにインポートするだけでできるようになった。これはまさに、営業から設計へのエンジニアリング・チェーンを強化した成果であるといえる。

90

製品(モジュール)開発と
製番設計の両立

個別受注生産といっても、標準開発した製品やモジュールに
オプションやカスタマイズを追加して出荷製品を完成させる企業が多い。
その場合の構成管理方法の対策例について理解を深めよう。

　製品開発やモジュール開発で作成するE-BOM(以後、標準E-BOM)は最新リビジョンで管理したいが、製番E-BOMでは手配した部品のリビジョンで管理したいという矛盾した要求がある。ここでは、2種類のE-BOM管理要求の両立方法の対策例について解説する。

■■■ 標準E-BOMと製番E-BOMの管理要求の矛盾

　図表90-1は、標準E-BOMと製番E-BOMの管理要求の矛盾を示したものだ。一番左の標準E-BOMでは、常に最新リビジョンで共有したいので、Loose Structureで構成する。また、一番右の製番E-BOM(ここでは製番X001)では、手配したリビジョンで管理したいのでTight Structureで構成する。一方、中央の標準E-BOMは、製番E-BOMとは関係なく、独自にリビジョンアップが進行していることを示す。

　つまり、最新リビジョンを表現する標準E-BOMと、手配リビジョンで固定化された製番E-BOMは、同じ品番であってもリビジョンが異なる状態が発生する。これが、標準E-BOMと製番E-BOMの管理要求の矛盾である。

■■■ 製番展開と最新展開

　図表90-2は、両者の要求の両立を表現する業務要件である。X,1はモジュールを組み合わせた製品全体を示すASSYを示す。

1. 左図のように、X,1から展開条件を最新展開として展開すると、最新のリビジョンで構成された標準E-BOMが展開される。

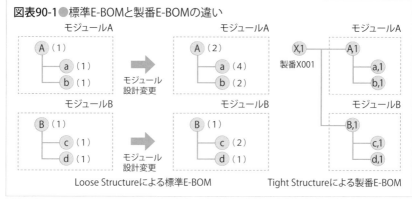

図表90-1●標準E-BOMと製番E-BOMの違い

モジュールA

A (1)
└ a (1)
└ b (1)

モジュールA設計変更

モジュールA

A (2)
└ a (4)
└ b (2)

モジュールA

X,1 ── A1
製番X001   └ a,1
           └ b,1

モジュールB

B (1)
└ c (1)
└ d (1)

モジュールB設計変更

モジュールB

B (1)
└ c (2)
└ d (1)

モジュールB

B,1
└ c,1
└ d,1

Loose Structureによる標準E-BOM

Tight Structureによる製番E-BOM

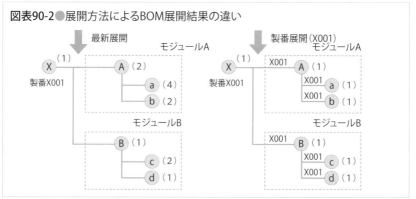

図表90-2●展開方法によるBOM展開結果の違い

最新展開

モジュールA

X (1) ── A (2)
製番X001   └ a (4)
            └ b (2)

モジュールB

B (1)
└ c (2)
└ d (1)

製番展開（X001）

モジュールA

X (1) ── X001 ── A (1)
製番X001   X001 ── a (1)
            X001 ── b (1)

モジュールB

X001 ── B (1)
X001 ── c (1)
X001 ── d (1)

2. 右図のように、X,1から製番X001を展開条件として展開すると、製番X001で手配したリビジョンで構成された製番E-BOMが展開される。

実は、この両立はPLM上の実装方法で解決する。37（p90）で解説した展開条件の組込みを用いているのだ。具体的には、両方の構成はLoose Structureで構成しているが、製番手配したリビジョンの構成に製番X001という展開条件を埋め込む。展開条件を指定しない場合には、標準E-BOMで要求されるように最新リビジョンで展開される。展開条件に製番X001などを指定すると、製番情報が埋め込まれた構成をたどって製番E-BOMとして展開されるのだ。

このような構成管理の工夫で標準E-BOMと製番E-BOMの管理要求を解決することが可能だ。

コラム11:よく使う分析ツール(マトリクス分析)

マトリクス分析とは、評価対象を2次元マトリクス上にマッピングし、対策の優先順位などを決定するために使用される便利なツールである。フレームワークとも呼ばれる。有名なマトリクス分析として、PPM(プロダクト・ポートフォリオ・マネジメント)がある。市場占有率と市場成長率の2軸でマトリクスを作成し、「花形」や「金のなる木」など、製品別のポジショニングを判定して、経営投資配分を決定する分析手法だ。

PLMやBOMの世界では、筆者は部品に関するマトリクス分析をよく使用する。図はその一例であるが、部品の専用度と調達リードタイムのマトリクス分析を示す。部品の専用度(部品が利用されている製品数。数値が小さいほど専用度が高い)と部品の調達リードタイムの情報を収集し、マトリクス上にマッピングする。「4」に位置づけられる部品は専用度が低く(汎用性が高く)、調達リードタイムが短いので、在庫リスクが低い部品であるといえる。逆に「1」に分類される部品は、専用度が高く、調達リードタイムが長いので、デッドストックになるリスクが高いことを示す。部品分類が「1」や「3」の場合は部品標準化(汎用度を高める設計改善)を行う。部品分類が「1」や「2」の場合は調達改善(設計変更や調達交渉によるリードタイムの短縮)につなげていく考え方である。

図表 ●分析ツール:マトリクス分析

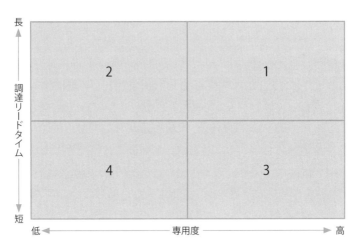

IT導入プロセスの改善

PLM導入プロジェクトの期間は長く、

準備・構想企画・要件定義・システム構築を経て、本番を迎える。

しかし、プロジェクトリーダやメンバーは、その期間中にさまざまな課題に遭遇する。

本章では、どのプロジェクトでも発生する問題に対する解決の考え方や心構え、

留意事項について解説する。

初級	
中級	準備
上級	

最初の第一歩が
踏み出せない

DXプロジェクトは、経営幹部や複数の部門の関係者の合意を得ながら
開始、推進する必要がある。そのため、そのスタートをどう切るかは難しいものだ。
その突破方法について理解を深めよう。

　第12章では、IT導入プロセスの改善について解説していきたい。プロジェクト開始にあたって、まず当たる壁は最初の一歩をどう踏み出すかであろう。ここでは、そのポイントについて解説する。

■■■ まずは改革コンセプトから

　改革コンセプトとは、これから開始するプロジェクトの改革の方向性やその企業にとっての新規性、どのような貢献をもたらすかなどを表現したものである。

　図表91-1は、PLMによる改革コンセプトの例である。中央部にE-BOMを中核とした技術情報統合管理システムがあり、技術情報管理と製品開発プロジェクト管理を行っている。このシステムをハブとしてCADデータ管理システムや文書用PCを連携し、ERPへのE-BOM転送とコスト情報のフィードバック、サプライヤとのコラボレーションを行うイメージだ。

■■■ プロジェクトのロードマップの構想

　次に行うのが、**図表91-2**に示したプロジェクト全体ロードマップの構想である。ここではフェーズと期間、各フェーズの主な活動内容やアウトプットを規定する。

　この例では、プロジェクト準備から開始して、構想企画、要件定義、システム構築、運用・改善について記述している。改革コンセプトを描くのは、プロジェクト準備フェーズである。主要タスクに、改革案やラフ計画が挙げ

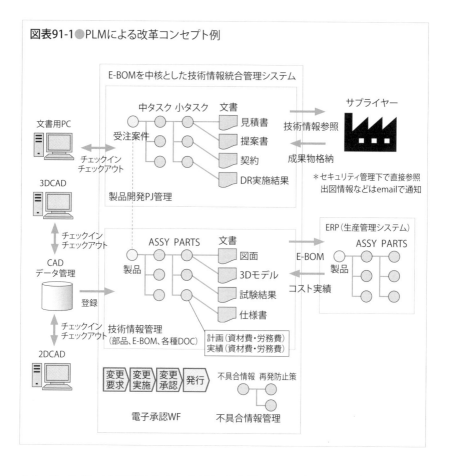

図表91-1●PLMによる改革コンセプト例

E-BOMを中核とした技術情報統合管理システム

文書用PC

中タスク 小タスク 文書

受注案件
見積書
提案書
契約
DR実施結果

チェックイン
チェックアウト

サプライヤー

技術情報参照

成果物格納

＊セキュリティ管理下で直接参照
出図情報などはemailで通知

3DCAD

製品開発PJ管理

チェックイン
チェックアウト

CAD
データ管理

ASSY PARTS 文書

製品
図面
3Dモデル
試験結果
仕様書

登録

ERP（生産管理システム）

ASSY PARTS

製品

E-BOM

コスト実績

チェックイン
チェックアウト

2DCAD

技術情報管理
（部品、E-BOM、各種DOC）

計画（資材費・労務費）
実績（資材費・労務費）

変更
要求
変更
実施
変更
承認
発行

電子承認WF

不具合情報 再発防止策

不具合情報管理

られているが、改革案はまさに上述した改革コンセプト、ラフ計画はここで述べている全体ロードマップのことである。

　このような内容を作成しながら、関係者の協力を得て、体制を構築し、次の構想企画フェーズの準備を行う。構想企画フェーズは自社だけで実施する場合もあるが、専門家の知見を借りる意味で、コンサルタントに依頼する方法もある。社外リソースを活用する場合、費用が発生するので、プロジェクト準備フェーズの間にある程度の予算を確保する活動も必要だ。

図表91-2●プロジェクト全体ロードマップ

▼ コンサル参画　　　　▼ SE参画

フェーズ	プロジェクト準備	構想企画	要件定義	システム構築	運用・改善
目的	改革方針を決め、スコープ、体制、概略スケジュールを整合する	経営課題に沿った改革コンセプトを決定し、以後の計画を立案する	改革コンセプトを実行するための業務要件、業務フローを策定するRFPを作成し、SIベンダーを決定する	システム化計画を立案し、業務要件にそったシステムを構築する	構築したシステムを運用し、定着化、さらなる改善を図る他拠点へ展開する
主要タスク・成果物	改革案 ラフ計画 開始体制	現状分析 改革コンセプト策定 効果推定 改革計画立案	現状分析 新事業フロー 要件定義 RFP（提案依頼）	システム化計画 システム設計 システム開発 テスト 教育	運用課題・対策 展開計画
想定期間	3〜6カ月	3カ月	3〜6カ月	6カ月〜1年	6カ月〜1年

92

要件漏れが発生し、
仕様変更が多い

**要件定義が甘かったために、システム設計に入ってから、
追加要件や仕様変更が多発するケースがある。それを防止、
抑制するためのポイントについて理解を深めよう。**

　要件定義漏れが発生していることが原因で、仕様追加や変更になることが
ある。それを極力抑制するための方法を解説する。

■ スコープ分析

　要件漏れを発生させるフェーズは、要件定義フェーズである。要件定義
フェーズは英語でScoping Phaseと呼ばれることもあるくらいで、スコー
プを決定しているといってもよい。

　図表92-1は、個別受注生産型製造業におけるPLM導入プロジェクトのス
コープ分析の例である。プロセスと部門の二次元マトリクスで表現される。
ボックスで表現される業務プロセスは、PLMシステムだけでなく、ERPや
その他さまざまなシステムでサポートされるが、着色したプロセスをPLM
システムによる改革対象プロセスとしてスコープ定義した。

　以後の現状分析やTO-BEプロセス策定では、ここで決めたスコープを重
点的に分析・設計するが、その隣のプロセス（たとえば、BOM作成の隣の
生産計画や所要量計算）も現状分析を実施することを忘れてはならない。な
ぜなら、PLMでサポートする業務プロセスのインプットやアウトプットが
隣のプロセスで発生・使用されるからである。

■ 現状業務分析

　現状業務分析は、スコープに対する現状の業務プロセス・フローの図式化
や問題点を抽出することである。**図表92-2**は、設計変更プロセス・フローの

IT導入プロセスの改善

225

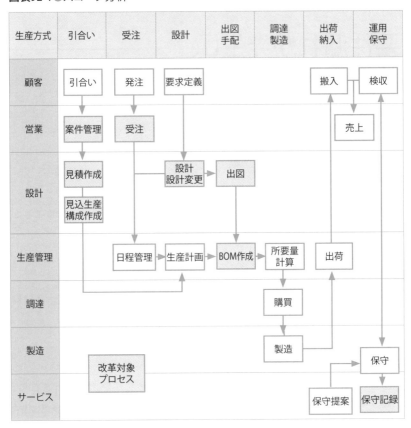

図表92-1●スコープ分析

生産方式	引合い	受注	設計	出図手配	調達製造	出荷納入	運用保守
顧客	引合い	発注	要求定義			搬入	検収
営業	案件管理	受注				売上	
設計	見積作成／見込生産構成作成		設計設計変更／出図				
生産管理		日程管理	生産計画	BOM作成	所要量計算	出荷	
調達					購買		
製造					製造		保守
サービス	改革対象プロセス					保守提案	保守記録

現状分析結果である。このチャートには、左から順に各部門が実施する業務フローと業務プロセスで発生している問題、各業務プロセスのインプット・処理・アウトプット、そのプロセスをサポートする情報システムを漏れなく記載していく。

　作成手順としては、その企業のQMS（品質マネジメントシステム）などの現状業務フローが記載された資料を元に、事前にプロセス・フローのドラフトを作成しておく。そして、各部門の実務担当者にヒアリングし、肉付けしながら実態に合わせて修正していくと効率がよい。

　単純にPLMを適用するプロセスだけにフォーカスして分析するのではな

図表92-2●現状業務分析（設計変更プロセス・フロー）

部門					プロセス			情報システム			
開発	生産技術	調達	品質保証	生産管理	インプット	処理	アウトプット	C A D	図面管理	P D M	E R P
設計変更検討会議					変更要求	変更要求に対する変更実施を審議する	変更要求（承認済）（紙）				
図面・BOM変更					3Dモデル図面	変更要求に対応した設計修正を行う	3Dモデル図面（変更後）	○	○	○	
変更連絡作成					変更要求	変更内容、BOMの差分、承認先を作成する	設計変更指示（紙）				
変更承認・・回覧					設計変更指示（紙）図面（電子）	変更関連文書を回覧し、承認する	設計変更指示（承認済・紙）図面（承認済・紙）		○	○	
変更連絡発行					-	変更関連文書を印刷し、関係部門に配布する	設計変更指示（承認済・紙）図面（承認済・紙）				
変更指示受領					設計変更指示（承認済・紙）図面（承認済・紙）	変更関連文書を確認し、対応する	-				
ERP登録					設計変更指示（紙）	BOM変更差分をERPにマニュアル登録する	変更後BOM				○

紙で回覧するので時間がかかるまた停滞する

担当者が転記しているので効率と精度が低い

く、PLMプロセスの周辺の業務プロセスについても理解する。それが、要件漏れをなくすことにつながるのだ。

93

意思決定に
時間がかかる

DXプロジェクトの場合、複数部門が関与する意思決定事項が多発するため、
その問題解決や合意形成には概して時間がかかる。
時間を短縮にするために事前に設定しておくべきことについて理解を深める。

　プロジェクトが開始されると、さまざまな意思決定が必要となるが、多数
の部門やメンバーが参加するため、合意形成に時間がかかることが多い。こ
こでは、意思決定を加速するためのポイントを解説する。

■■■ 意思決定を加速する体制のアサイン

　意思決定に時間がかかる原因の多くは、意思決定をするための体制や役割
責任が整備されていないことだ。**図表93-1**は、DXを指向したPLMプロジェ
クトの企画フェーズの体制例である。PLMプロジェクトは、ライフサイク
ルが開発の上流から下流までにおよぶため、部門横断での意思決定で多数の
調整事項が発生する。

　したがって、さまざまな課題を層別して意思決定するスキームを、プロジェ
クト発足時点から構築することが重要だ。層別については、部門課題に対す
る解決策や意思決定を行う部門代表者からなるワーキンググループ、部門横
断課題に対する意思決定を行う部課長クラスのプロジェクトリーダ、経営課
題に対する意思決定を行う役員クラスのプロジェクトオーナのアサインが必
要である。

　また、事務局は単なる会合調整機能だけでなく、課題が発生した際に素早
く関係者を招集して、意思決定を加速できる人をアサインすべきだ。

■■■ 意思決定プロセスを実行する会議体

　意思決定プロセスは、階層別に会議を設定して行う。**図表93-2**は、PLM

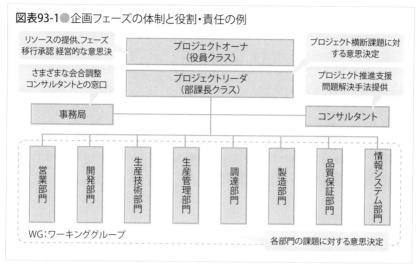

図表93-1●企画フェーズの体制と役割・責任の例

リソースの提供、フェーズ移行承認 経営的な意思決定

プロジェクトオーナ（役員クラス）

プロジェクト横断課題に対する意思決定

さまざまな会合調整 コンサルタントとの窓口

プロジェクトリーダ（部課長クラス）

プロジェクト推進支援 問題解決手法提供

事務局

コンサルタント

営業部門　開発部門　生産技術部門　生産管理部門　調達部門　製造部門　品質保証部門　情報システム部門

WG:ワーキンググループ

各部門の課題に対する意思決定

図表93-2●PLMプロジェクトにおける会議体の例

会議名称	会議の目的	プロジェクトオーナ	プロジェクトリーダ	WGメンバー	事務局	コンサルタント
ステアリング・コミッティ	プロジェクトオーナに対する定期報告 経営レベルの意思決定	○	○		○	○
PMO会議	週次の進捗と課題の共有やプロジェクトの主要課題に対する意思決定 次週に向けてのアクションアイテムの整合		○		○	○
WGセッション	週次のワーキングメンバーとのセッション 部門代表者による議論や意思決定		△	○	○	○

プロジェクトで設定された定例会議の例である。3階層になっており、ステアリング・コミッティは経営レベルの意思決定、PMO[1]会議はプロジェクトにおける部門横断課題に対する意思決定、WGセッションは部門課題に対する意思決定を行う場として設定されている。

　開催頻度は、ステアリング・コミッティが1〜3ヵ月に1度、PMOは毎週、WGセッションは週に2、3回程度が妥当であろう。

[1] PMOとはプロジェクト・マネジメント・オフィスの略で、プロジェクトの推進組織のこと。プロジェクトのコアメンバーで形成され、プロジェクトの進捗や課題の共有、アクションアイテムを決定する。

IT導入プロセスの改善

94

初級
中級
上級 企画

複数事業で共通利用する
統合PLMの導入方法 (1)

従来、事業部単位の個別システムで運用していたPLMに対して、
複数事業で共通利用するシステムを統合PLMと呼ぶ。ここでは、
個別から統合への移行のポイントに理解を深めよう。

　複数の事業部の技術情報を管理する統合PLMシステムを導入する際に、
各事業部の業務プロセスやコード体系が異なっていることが障害となること
が多い。そのような場合の標準化方法について解説する。

統合PLMとは？

　図表94-1に統合PLMのコンセプトを示す。左は、統合前の状態を示す。4
つの事業部は、それぞれに個別最適化されたPLMシステムを導入している。
また、各事業部の製品を生産するための工場は実態として専用化されている。
たとえば、F工場はA事業部の専用工場となっているので、他事業部の仕事
を受けようとすると、BOMや品番、設計変更ルールがA事業部とは異なる
ので、簡単に受けることができない。

　右は技術情報統合後の状態である。中央に統合PLMが存在し、全事業部
共通のルールやフォーマットで技術情報は管理されている。各事業部はこの
ルールに合わせて、統合PLMに技術情報を格納する必要がある。生産工場
から見ると、ルールが統一化された統合PLMから技術情報を取得できるの
で、事業部による違いがない。すなわち、技術情報管理の観点で考えると、
他の事業部の生産受託は取り組みやすくなる。

業務の差異分析

　業務に違いがある状態で統合PLMが導入できるわけでなく、統合PLMの
要件定義の前に、各事業部と生産工場の業務プロセスやコード体系を標準化

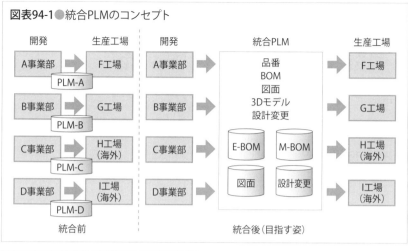

図表94-1●統合PLMのコンセプト

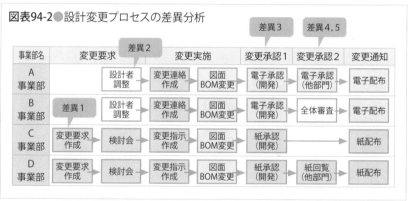

図表94-2●設計変更プロセスの差異分析

事業部名	変更要求		変更実施			変更承認1	変更承認2	変更通知
A事業部		設計者調整	変更連絡作成	図面BOM変更		電子承認(開発)	電子承認(他部門)	電子配布
B事業部	差異1	設計者調整	変更連絡作成	図面BOM変更		電子承認(開発)	全体審査	電子配布
C事業部	変更要求作成	検討会	変更指示作成	図面BOM変更		紙承認(開発)		紙配布
D事業部	変更要求作成	検討会	変更指示作成	図面BOM変更		紙承認(開発)	紙回覧(他部門)	紙配布

差異2（変更要求と変更実施の間）、差異3（変更承認1）、差異4, 5（変更承認2）

する必要がある。品番体系の標準化方法については、**60**（p142）を参照してほしい。ここでは、業務プロセスの標準化に絞って解説する。

　業務プロセスの標準化のためには、最初にプロセスの差異を明らかにして、その標準化を進める。**図表94-2**は、設計変更プロセスの差異分析の例だ。各事業部における設計変更プロセスを現状分析し、比較しやすいように、同じプロセスを縦に整列する。この例では、5つの差異が発見された。それは、（差異1）変更要求の作成有無、（差異2）変更要求に対する実施判断方法、（差異3）開発内部の承認方式、（差異4）開発以外の変更承認部門、（差異5）開発以外の承認方式であった。**95**では、差異に対する標準化の決定プロセスについて解説する。

95

複数事業で共通利用する
統合PLMの導入方法（2）

統合PLMの導入に際して、業務プロセスを標準化する必要があるが、
どのプロセスに統一するかの判断は難しい。
標準化を円滑に進める方法について理解を深めよう。

94では統合PLMと業務プロセスの差異分析方法について紹介した。ここ
では、プロセス差異に対する標準化方法について解説する。

■ プロセス標準化ロジック

図表95-1は、プロセスの標準化ロジックを示すチャートである。ロジック
のポイントは、プロセスの差異が事業や製品特性に起因しているのかどうか
である。標準化の手順を**図表94-2**で登場した差異3（開発内部の承認方式）
を例として、確認しよう。

1. 差異の特定：この例では、開発内部の変更の承認方式が異なっていて、
   電子承認と紙承認となっていた。
2. 差異原因の確認：上記原因は情報システム部によると、紙承認になって
   いるのは、単にシステム刷新が遅れているからであった。
3. 事業特性や製品特性に起因：差異原因はとくにこれらに関係がないので、
   起因していない（NO）と結論付けることができる。
4. 標準化／個別化の判定：標準化すべきと判断する。

■ 標準化方針検討シート

図表95-2は、設計変更プロセスの標準化方針検討シートである。上述した
プロセス標準化ロジックを用いて、標準化方針を決定した結果をまとめたも
のだ。

左から1〜6列目は、差異と各事業部の現状のプロセスを記入したものだ。

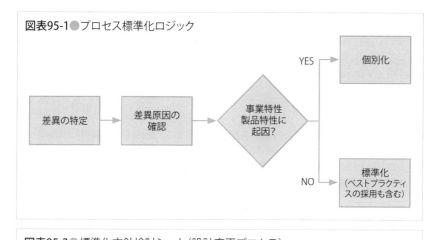

図表95-1●プロセス標準化ロジック

差異の特定 → 差異原因の確認 → 事業特性 製品特性に起因?
- YES → 個別化
- NO → 標準化（ベストプラクティスの採用も含む）

図表95-2●標準化方針検討シート（設計変更プロセス）

差異番号	差異	A事業部	B事業部	C事業部	D事業部	BP	製品・事業特性に起因	標準化方針
1	変更要求の作成有無	なし	なし	あり	あり	あり	NO	あり
2	変更要求に対する実施判断	設計者自身が調整	設計者自身が調整	検討会で審議	検討会で審議	検討会で審議	NO	検討会で審議
3	開発内部の承認方式	電子承認	電子承認	紙承認	紙承認	電子承認	NO	電子承認
4	開発以外の変更承認部門	生産管理 購買 生産技術 製造	生産管理 購買 生産技術 製造	なし	なし	生産管理 購買 生産技術 製造	NO	生産管理 購買 生産技術 製造
5	開発以外の承認方式	電子承認	会議＋紙承認	なし	紙回覧	電子承認	NO	電子承認

　左から7列目のBPとはベストプラクティスの略で、コンサルタントが提案した先進事例に基づくものだ。企業の中のプロセスだけで比較するのではなく、他社含めた先端プロセスも比較の対象に加えるべきとの判断から追加された。

　左から8〜9列目は、標準化方針に関するもので、製品・事業特性に起因の列には、上記プロセス標準化ロジックの判定の結果（YES/NO）を記入した。この例ではすべてNOなので、5つのプロセスから業務効率が向上し、かつ自社にとって移行しやすいプロセスを選択した結果を標準化方針に記入する。

　これを繰り返すことで、統合PLMのスコープ全体の業務プロセスを標準化し、その後の要件定義作業を進めていくことができる。

96

PLM導入効果の
定量化方法

初級
中級 企画
上級

これから上申するPLM導入の効果を定量的に示すことは、システム投資の承認や
プロジェクト関係者の理解を得るために非常に大切なアクションである。
ここでは、定量効果の測定、図式化方法について解説する。

■ プロセス分析による工数削減効果の定量分析事例

　X社は、業務工数の削減を目的としたPLMシステム導入を計画していた。
中でもとくに出図プロセスはマニュアル業務が多く、PLMによる重点改善対
象となっていた。そこで、単なるワークフローの電子化だけではなく、自動化
可能なプロセス（図面や押印処理、紙図面としてのコピー処理、配布先部門へ
の送付、受領図面の格納）をすべてIT化することを施策としていた。**図表96-1**は、
この事例の期待効果を定量分析した結果だ。分析手順は次のとおりだった。

　1. 出図プロセスを6段階のサブプロセスに分解した。
　2. サブプロセス単位の工数情報を、ヒアリングや工数データベースを使っ
　　て収集した。
　3. 工数を比率計算し、A列に現状の工数比率としてまとめた。
　4. 工数削減施策からサブプロセスの工数削減効果を推定し、B列に改善後
　　の工数比率を記入した。

　B列の数値を合計すると45％であった。つまり、出図にかかる現状工数
のうちの55％削減できる可能性があることが判明したのだ。

■ リードタイム分析による効果の定量分析事例

　Y社は、PLM導入によりドキュメントを一元管理し、ドキュメントを入
手するためのリードタイムを大幅に短縮することを構想していた。この事例
における定量分析のインプットは、**図表13-2**（p39）に示すドキュメント種
類別のリードタイム短縮効果の数値情報である。

図表96-1●出図プロセス効率化による業務コスト改善効果分析

サブプロセス	担当	A)現状比率(%)	B)改善後の比率(%)	改善効果 A-B(%)
①出図依頼する	設計者	10	5	5
②検図する	設計マネージャー	40	40	0
③承認印を図面に押印する	設計マネージャー	5	0	5
④承認済図面を必要部数コピーする	図面管理	10	0	10
⑤コピーした図面を配布先部門に送付する	図面管理	5	0	5
⑥受領した図面を、自部門のキャビネットに格納する	受領部門	30	0	30

図表96-2●ドキュメント入手リードタイムの改善効果分析

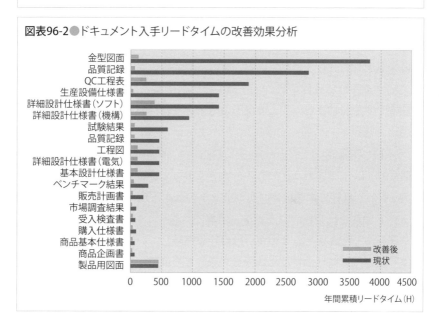

図表96-2は、その情報をトルネードチャートと呼ばれる図式化方法でグラフ化したものだ。トルネードチャートは、トルネード（竜巻）と形が似ていることからそう呼ばれるのだが、数値情報がインパクト（効果）の大きい順にソートして表示されるので、効果が出やすい対象を視覚的に捉えることができる。この図から、金型図面、品質記録、QC工程表の順に効果が大きく、それぞれ年間で数千時間の累積リードタイム短縮が期待できることが判明した。

97

効果的なRFPを
作成する

RFP（提案依頼書）は、
自社に最適なシステム構築ベンダーを決めるための重要な資料である。
ここでは、RFPの目次や作成手順について理解を深めよう。

RFPとはRequest For Proposalの略で、提案依頼書とも呼ばれる。目的は、自社の改革コンセプトや要件を提示して、システム導入するための計画や費用の提案をしてもらうことである。また、複数ベンダーに提示して、委託先を決定するためにも使用される。RFPの出来により、提案内容や費用が変わるので注意が必要だ。ここではそのポイントについて解説する。

RFPの構成

図表97-1はRFPの目次例である。大きく分けて2章で構成される。

第1章は、自社で構想中のプロジェクトの要求事項である。ここにはプロジェクト背景と新業務コンセプト（業務イメージ）、業務要件、RFP後のスケジュールを記入する。この章には自社の実施したいこと、戦略を書く。ベンダーにとっては与件となる情報である。この章のポイントは、自社のやりたいことは自社で決めるという点である。つまり、WHYとWHATは自社で定義して、それをベンダーに正確に伝達するということだ。

それに対して、第2章は提案依頼事項をまとめたものである。自社のWHY、WHATに対する最適な実現方法、HOWを提案してもらうのである。この章のポイントは、自社の課題に対するソリューションの提案はもちろんであるが、担当するプロジェクトマネージャーの実績や人柄も評価することだ。SI（システム開発）プロセスが標準化されていたとしても、プロジェクトマネージャーの力量により結果は変わるからだ。

図表97-1●RFPの目次例

第1章:
BOM/PLM構築プロジェクトの概要
- BOM/PLM構築の背景
- BOM/PLMによる新業務イメージ
  (問題と解決のポイント)
- 業務要件／システム機能要件
- 今後のスケジュール
  - RFP説明会
  - 提案書提出日
  - プレゼンテーション期間
  - ベンダー決定
  - 開発着手

第2章:
提案依頼事項
- 提案書への記載事項
  - ご提案の骨子(基本方針、考え方)
  - ご提案内容
    - 業務要件／システム機能要件に対するソリューション
      イメージ
    - 業務要件／システム機能要件に対する開発期間と工数
    - システム構成
    - その他
  - 価格
    - 見積り前提条件
    - 見積り価格
  - 体制
    - 人員構成／役割
    - プロジェクトチームリーダーの経歴／プロジェクト事例

図表97-2●RFPの作成手順

改革プロジェクト目的、目標の設定　これから作成する企画の前提となる目的を目標レベルを設定する。改善対象とする業務や組織の範囲(スコープ)も設定する

現状分析(定量分析、定性分析)　改善対象の組織、業務の現状を分析し、改善すべき問題とその原因を特定する

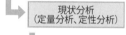

解決策の策定　現状分析で特定した問題や原因を解決する手段を具体化する

業務／システム要件定義　上記解決を具現化し、業務プロセス単位で必要な要求をまとめる。可能なら、システム機能／非機能要件もまとめる

RFPの作成　ここまでの内容をRFP(提案依頼書)としてまとめ、候補のSIベンダーに発行し、プロジェクト計画や費用に関する情報を入手する

■ RFPの作成

　図表97-2は、上記目次のRFPの作成手順だ。作成の基本的な考え方は構想企画と同じである。ただ違うのは、構想企画では自社でシステム化計画を作成するが、RFP作成ではこの部分をベンダーに提案依頼し、それをインプットとして構想企画書を完成させる点である。

　プロジェクトの目的、目標(達成時期と水準)、現状分析、解決策の策定をまとめることで最低限のRFP発行は可能だが、見積や計画提案は事例ベースになる可能性がある。業務要件やシステム要件を追加することで、その精度を高くすることができる。

ＩＴ導入プロセスの改善

98

ユーザ部門を
味方につける

システムの構築を進める中で、ユーザ部門が業務の変化を嫌い、
抵抗勢力になることがある。ユーザ部門を味方に付け、
業務改革を加速するためのポイントについての理解を深めよう。

要件定義を進める中で、新システムを導入する部門が業務が変化すること
を恐れ、抵抗勢力になることがある。そのような場合の解決方法、さらには
味方につける方法について解説する。

■ 論点攻防図

業務改革を伴うIT導入の場合、業務方式が変化する。当然、効果がある
から変化させるのだが、慣れ親しんだ方法からの変化を嫌うユーザは多い。
このような場合、導入部門に対して、不安や懸念事項をいったんすべて吐き
出してもらい、聞くことが大切だ。プロジェクト推進者としては、新システ
ムの良いことばかり説明するのではなく、業務が変化する不安に対しても傾
聴し、それを解決していく姿勢が重要なのだ。

図表98-1は、論点攻防図と呼ばれるチャートである。このチャートは、左
側に賛成意見や効果、中央部に消極意見や懸念事項を記入し、右側に懸念事
項に対する課題や対策、意思決定すべき事項を抽出することを目的とする。
つまり、効果と副作用を同時に把握して、施策が程よくバランスするポイン
トの発見や、可能ならば副作用だけを低減することをねらっている。対策を
実直に進めることが、抵抗勢力を味方に付けることにつながる。

■ 論点攻防図の作成手順

図表98-2は論点攻防図を作成するためのワークシートである。作成手順は
以下のとおりだ。

図表98-1●論点攻防図（モジュール化による手配方式の変革）

賛成意見・効果	消極意見・懸念事項	意思決定事項・課題

- 手配部品が明確となることで、生産工場（製造）の間接工数減となる
- つど手配部品が何かが事前に明確になることで、手配フォローが楽になる（製造）

← 手配プロセスの見直しが必要となる
← 標準部品と、その他でオーダを分ける必要あり
→ 手配回数のまとめは必要ではないか
→ 手配構成として中間に生産部品表が必要部品表はオーダごとで図番が異なる必要がある（現状の設計BOMの制約）
← 現状の多数の行が部品表からなくなるのか

- 部品種に対応した発注方式

- 生産管理からの手配が可能となり、技術部門の工数削減が図られる（手配工数削減、手配品質向上）
- 製番手配のミニマイズ、手配ミスが減る
- 問合わせ対応時間が省ける（手配、数量、納期の管理）
- 標準品手配ルーチンワークの手間が省ける

← 工注手配しても、製番が必要な今の体制では、以下の付随作業の半自動化が必要
- 設計者が目を通さずに手配されるので、標準BOMや図面を十分整備しておかないと、納入先の要求どおりにできないものも出てくる可能性がある
← 部品の取付け場所が図面で明確になるのか
← ハードでのLTは縮まるが、ソフト（検査仕様の検討など）でのLT短縮策も必要

- 図面と仕様書の標準化範囲

1. ユーザ部門は、事務局からの依頼に基づき、会議室に集合する。
2. プロジェクト推進者（プロジェクトリーダとワーキンググループ）は、その場で改革コンセプトや変革ポイントを説明し、ワークシートに記入を依頼する。
3. ユーザ部門は、制限時間の中でワークシートに賛成意見と懸念事項を記入する。
4. ユーザ部門の全員は、記入した内容を1人ずつ発表し、同時に他の人の意見についても理解する。

図表98-2●論点攻防図のワークシート

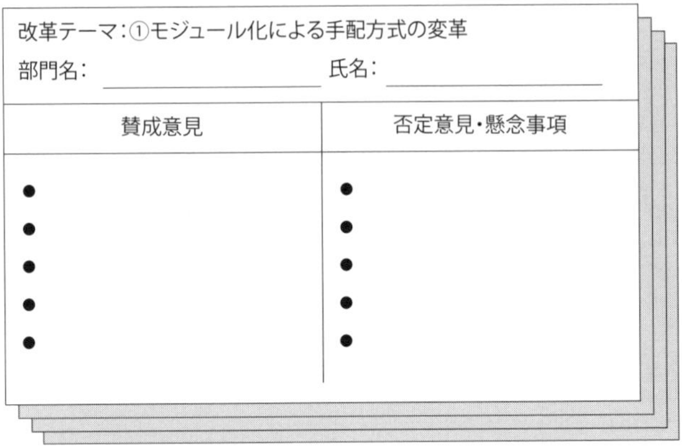

改革テーマ：①モジュール化による手配方式の変革	
部門名：＿＿＿＿＿＿＿＿＿　氏名：＿＿＿＿＿＿＿＿＿	
賛成意見	否定意見・懸念事項
● ● ● ● ●	● ● ● ● ●

5. プロジェクトリーダとワーキンググループは、記入済のワークシートを
　分析し、論点攻防図としてまとめ、対策検討を行っていく。

　このワークセッションの1つの改革テーマあたりの所要時間は、プロジェクト推進者からの説明が10分、ワークシートへの記入時間を10分、集合人数が10人、1人の発表時間を3分とすると、合計50分くらいを見積もっておくとよいだろう。4テーマだと200分間ユーザ部門を拘束することになるが、プロジェクトにとっては正念場なので、協力をお願いして、時間を割いていただくことが重要だ。

99

システムの
カスタマイズが多い

どのPLM導入プロジェクトでも、
カスタマイズを極力削減することを目標としているが、増加してしまうことが多い。
ここでは、カスタマイズの種類や削減のための考え方について理解を深める。

　PLMソフトウェアの標準機能を利用することで、システム導入期間の短縮やコスト削減を図ることができるが、システム設計中にカスタマイズが膨れ上がってしまい、予算超過や計画遅延するプロジェクトも多い。一方、カスタマイズは、パラメータ設定、アドオン、新画面開発に大きく分けることができる。ここでは、それらの定義と削減のポイントについて解説する。

■　パラメータ設定によるカスタマイズ

　パラメータ設定とは、プログラムを書かない設定のカスタマイズである。たとえば、アクセス権の設定、ワークフローの設定、属性の追加などが挙げられる。

　削減のポイントは、従来ルールのシンプル化を行うことだ。プログラムを書かないといっても、複雑化は設計や実装時間の増大につながる。たとえば、既存システムの複雑な承認ワークフローをそのまま踏襲するのではなく、まずはいかにシンプルにできるかを事前検討するなどが肝要だ。

■　アドオンによるカスタマイズ

　アドオンとは、パッケージソフトウェアの標準機能の処理ロジックに対し、プログラムを書いて処理を変更するカスタマイズのことである。品番の自動採番、リビジョンアップのインクリメント（繰上げルール）の自動化、ERPとの自動連携などが挙げられる。

　図表99はアドオン発生のメカニズムを示す。新業務が必要とする機能（承

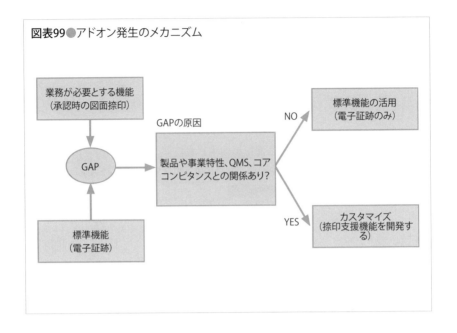

図表99●アドオン発生のメカニズム

業務が必要とする機能
（承認時の図面捺印）

GAPの原因

GAP

製品や事業特性、QMS、コア
コンピタンスとの関係あり？

標準機能
（電子証跡）

NO → 標準機能の活用
（電子証跡のみ）

YES → カスタマイズ
（捺印支援機能を開発する）

認時の図面捺印）と標準機能（電子証跡）の間にGAPがある場合が争点となる。アドオン発生要因になりやすいのが、既存システム機能への固執である。製品・事業特性やQMS、コアコンピタンス（企業の強み）に関係する場合を除き、標準機能をいかに使いこなすかがポイントである。

　ただし、その判断の影響因子として、業務をパッケージ標準機能に合わせるプロジェクト方針が出ているかどうかが大きく関係するので注意が必要だ。これについては、プロジェクトオーナがプロジェクトの節目で方針を繰返し発信し、さらにアドオンを承認するゲートを設定することも重要だ。

　また、プロジェクトメンバーが標準機能を熟知しているかということも影響する。標準機能の理解が少ないと表面的な議論になる可能性があるからだ。

■■■ 新画面開発

　新画面開発とは、PLMソフトウェアの標準画面や属性追加の拡張では対応できないために、まったく異なる新画面を開発するカスタマイズのことである。画面定義とプログラム開発の両方が発生するので、アドオンとほぼ同じ扱いで考えてよいだろう。

100

初級
中級　テスト
上級

システムの
不具合が多い

本番稼働後、システムの不具合や運用上の問題が多発することがある。
テストの計画や実施品質に起因することが多い。
ここでは、テストに向けた心構えについて理解を深めよう。

　運用開始後のシステムの不具合の発生はテストの品質に依存する。ここでは、テスト計画や品質向上のための留意事項について解説する。

■ Ｖプロセス

　図表100-1は、システム開発プロセスにおける各設計フェーズとテストフェーズの関係を示すもので、Ｖプロセスと呼ばれる。

　この中で、運用開始に向けての最終ゲートは、UAT[*2]である。UATは、ブラックボックステストに位置づけられ、システムの内部構造を理解せずに、エンドユーザが業務のインプットに対して、正しいアウトプットが出力されるかを最終確認するために実施される。

　ちなみに、単体テスト（詳細設計仕様書に基づいて作成されたプログラムに対するテスト）はベンダー主体、結合テスト（PLMシステムと関係システムの連携テスト）は導入企業の情報システム部とベンダーが協力して実施するのが一般的だ。このように、テストフェーズにより役割分担が変化する。

■ テスト計画の立案

　各フェーズのテスト計画を、システム化計画（通常、要件定義後、SEが参画タイミングで作成する）段階できちんと組み込んでおくことが重要だ。ベンダータスクでないことが理由で盲点となり、委託側に必要なテスト仕様書作成工数やテスト実施のリソースと工数が見積られていないことが多い。テスト計画を立案や、テストに要するリソースや期間や見積の経験が少ない

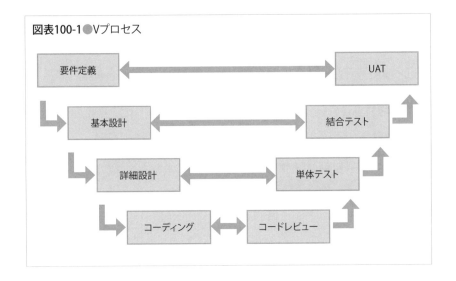

図表100-1●Vプロセス

要件定義 ⟷ UAT

基本設計 ⟶ 結合テスト

詳細設計 ⟷ 単体テスト

コーディング ⟷ コードレビュー

場合には、ベンダーやコンサルタントから助言や提案を入手することが賢明であろう。

■ テスト仕様書の例

テストの品質を高めるポイントを以下に挙げた。

1. テスト結果を客観的に判定するために、テスト仕様書にインプットとアウトプットを規定する。
2. テスト時に仕様書に沿ったテストデータを準備する。
3. 具体的なシステム操作手順を記載する。
4. テスターは、PLMシステムを操作するための最低限のトレーニングを受講する。

図表100-2は、UATのテスト仕様書の例である。この仕様書例は、業務要件定義で設定されたプロセスの単位で作成されていて、テスト対象プロセスに対して、インプット、手順、アウトプットを規定している。そして、右側の欄にテスターがテスト結果を記入し、エビデンス（エラー画面など）を残せるようになっている。

＊2 UAT：User Acceptance Testの略で、ユーザ受入テストとも呼ばれる、システム発注側が実施する最終的なテストである。

図表100-2●UATのテスト仕様書例

業務ID：業務名	3,1,2,1：CADデータのPLMへの登録		テスト担当	木村、佐藤
			テスト日	2021/07/14
インプット	手順	アウトプット	テスト結果	

インプット

- 10XX-5001; 光学ユニット
  - 10XX-5002; ミラー
  - 10XX-5003; フレーム
  - 10YY-1187; 軸受
  - 10XX-5010; モータ

- 現像ユニット
  - 現像サブASSY
    - 現像ローラ
    - ケーシング
    - 軸受
  - 飛散防止板

手順

1 設計者（CADデータ管理システム）：CADデータ管理システム上で、PLMに登録するASSYを選択する

2 設計者（CADデータ管理システム）：選択したASSYをPLMに送信する

3 チームリーダ（PLM）：親ASSYをPLM上に作成する

4 設計者（PLM）：送信したASSYがPLM上にE-BOMとして生成されていることを確認する

5 設計者（PLM）：生成したASSYに親ASSYに構成し、E-BOMを完成する

アウトプット

- 10XX-0001; 複写機全体
  - 10XX-5001; 光学ユニット
    - 10XX-5002; ミラー
    - 10XX-5003; フレーム
    - 10YY-1187; 軸受
    - 10XX-5010; モータ
  - 10XX-2001; 現像ユニット
    - 10XX-2002; 現像ローラ
    - 10XX-2003; ケーシング
    - 10YY-1188; 軸受
    - 10XX-2004; モータ

テスト結果

×
手順4でエラーが発生。エラーメッセージは下図参照。

エラー発生画面

【参考文献】

・田中一成、『図解 生産管理』、日本実業出版社、1999 年
・籠屋邦夫、『選択と集中の意思決定』、東洋経済新報社、2000 年
・藤本隆宏、『生産マネジメント入門Ⅱ』、日本経済新聞社、2001 年
・小林俊一、『図解でわかる生産の実務 在庫管理』、日本能率協会マネジメントセンター、2006 年
・山田太郎、『日本製造業の次世代戦略』、東洋経済新報社、2007 年
・日野三十四、『トヨタ経営システムの研究』、ダイヤモンド社、2009 年
・傘木和俊、『よくわかる製造業の化学物質管理』、オーム社、2010 年
・三河進、『製造業の業務改革推進者のためのグローバル PLM』、日刊工業新聞社、2012 年
・三河進、「インダストリー 4.0 と自動車業界におけるものづくり改革の最新動向」、NEC 技報
　Vol.68 No.1
・大野治、『IoT で激変する日本型製造業のビジネスモデル』、日刊工業新聞社、2016 年
・岩波好夫『図解 IATF16949 要求事項の詳細解説』、日科技連出版社、2018 年
・三河進、『BOM 再構築の技術』、日本能率協会マネジメントセンター、2018 年
・岩崎悠真、『マテリアルズ・インフォマティクス』、日刊工業新聞社、2019 年
・岩波好夫『図解 IATF16949 VDA 規格の完全理解』、日科技連出版社、2020 年
・リード・ヘイスティング、『NO RULES』、日経 BP 社、2020 年
・西山圭太、『DX の思考法』、文芸春秋、2021 年
・石角友愛、『いまこそ知りたい DX 戦略』、ディスカヴァリー・トゥエンティワン、2021 年

【著者プロフィール】

三河 進（みかわ・すすむ）

株式会社グローバルものづくり研究所　代表取締役 <https://gmrc.co.jp/>
大阪大学基礎工学部卒業。大手精密機械製造業において機械系エンジニアとして従事後、外資系コンサルティングファーム、大手 SI 会社のコンサルティング事業を経て、現職に至る。専門分野は、製品開発プロセス改革（3D 設計、PLM、BOM、モジュラー設計、開発プロジェクトマネジメントなど）、サプライチェーン改革、情報戦略策定、超大型 SI のプロジェクトマネジメントの領域にある。また、インターナショナルプロジェクトの複数従事経験があり、海外拠点のプロセス調査や方針整合などの実績がある。
主な著書は『5 つの問題解決パターンから学ぶ実践メソッド BOM(部品表) 再構築の技術』（日本能率協会マネジメントセンター、2018 年）、『製造業の業務改革推進者のためのグローバル PLM―グローバル製造の課題と変革マネジメント』（日刊工業新聞社、2012 年）、『BOM/BOP 活用術』（日経 xTECH、2016 年）、『グローバル PLM ～世界同時開発を可能にする製品開発マネジメント』（アイティメディア社 MONOist、2010 年）など多数。

図解 DX 時代の PLM/BOM プロセス改善入門

デジタル化 段階別課題解決のアイデア 100

2022 年 3 月 10 日　初版第 1 刷発行
2024 年 8 月 20 日　　第 3 刷発行

著　者 ──── 三河　進
©2022 Susumu Mikawa

発行者 ──── 張　士洛

発行所 ──── 日本能率協会マネジメントセンター

〒 103-6009　東京都中央区日本橋 2-7-1　東京日本橋タワー
TEL　03（6362）4339（編集）／ 03（6362）4558（販売）
FAX　03（3272）8127（編集・販売）
https://www.jmam.co.jp/

装　　丁 ──────── 冨澤　崇（EBranch）
本文 DTP ──────── 土屋デザイン室
印 刷 所 ──────── シナノ書籍印刷株式会社
製 本 所 ──────── ナショナル製本協同組合

ISBN 978-4-8207-2993-8 C3034
落丁・乱丁はおとりかえします。
PRINTED IN JAPAN

JMAM の本

BOM とは、製品を構成する部品リストのこと。グローバル化による製品バリエーションの増加、開発期間短縮、開発・生産プロセスの分散化、またコンプライアンスの強化、IoT、AI に代表される新しいテクノロジーの登場などなどにより、BOM が果たす役割は多様化し、再構築の機運が大きくなっています。本書は、実際の BOM 再構築プロジェクト事例をモチーフとして整理した 5 つの問題解決パターンを解説します。

「本編」では、事例に基づいたプロジェクトの推進経緯について、「解説」では、目的別 BOM、部品番号のあり方、など、一般に流通していない BOM に関するノウハウや、プロジェクトの現場で生まれた実践的なツールに関する情報を提供しています。

モノづくり改革の成功企業に共通する 7 つの法則

三河 進 著
A5 判
並製
208 頁

問題解決パターン別アクション

● グローバル開発・生産の適合

● シングル BOM から目的別 BOM への変革

● 技術情報のグローバル一元管理

● 仕様の多様化とリードタイム短縮の両立

● 図面文化からの脱却

---

5 つの問題解決パターンから学ぶ実践メソッド

BOM（部品表）再構築の技術

日本能率協会マネジメントセンター